数据库原理及应用教程

主　编　米晓萍
参　编　朱云雷

 北京理工大学出版社
BEIJING INSTITUTE OF TECHNOLOGY PRESS

内 容 简 介

本书系统地阐述了数据库的基础理论、实用技术和综合应用，围绕"学生成绩数据库"项目将数据库建模、应用与管理系统开发等内容联系在一起。全书分为 3 个部分，共 11 章：第 1~5 章为基础理论部分，包括数据库系统概论、关系数据库、数据库设计、数据库恢复技术、数据库并发控制等内容；第 6~9 章为实用技术部分，介绍在 SQL Server 2019 环境下，使用 SQL 语句完成数据库定义与操作、数据库的安全性、触发器、数据库备份与还原等内容；第 10~11 章为综合应用部分，包括基于 ADO. NET 的数据库开发基础和基于 JDBC 的数据库开发基础等内容。

本书既可作为高等学校计算机类专业、信息管理与信息系统等相关专业数据库课程的教材，也可作为数据库系统开发和应用人员的技术参考书。

图书在版编目（CIP）数据

数据库原理及应用教程 / 米晓萍主编. --北京：
北京理工大学出版社，2023. 12
　ISBN 978-7-5763-3343-5

　Ⅰ. ①数⋯　Ⅱ. ①米⋯　Ⅲ. ①关系数据库系统-高等
学校-教材　Ⅳ. ①TP311.138

　中国国家版本馆 CIP 数据核字（2024）第 031898 号

责任编辑：陆世立　　**文案编辑：**李　硕
责任校对：刘亚男　　**责任印制：**李志强

出版发行 / 北京理工大学出版社有限责任公司
社　　址 / 北京市丰台区四合庄路 6 号
邮　　编 / 100070
电　　话 / （010）68914026（教材售后服务热线）
　　　　　（010）68944437（课件资源服务热线）
网　　址 / http://www.bitpress.com.cn

版 印 次 / 2023 年 12 月第 1 版第 1 次印刷
印　　刷 / 涿州市新华印刷有限公司
开　　本 / 787 mm×1092 mm　1/16
印　　张 / 12
字　　数 / 282 千字
定　　价 / 85.00 元

前　言

　　数据库是一种非常强大和有效的数据管理技术，广泛应用于各个领域。通过使用数据库，可以实现高效的数据存储、统一的数据管理、快速的数据检索、复杂的数据分析和优秀的应用开发支持，进而提高数据管理的效率和质量。随着大数据时代的到来，数据库技术的教学也在不断发展和完善，越来越多的人开始关注并学习数据库技术。

　　数据库课程是一门实践性很强的课程，要学好这门课程，理论与实践相结合非常重要。通过对本书的学习，希望学生能够达到以下 3 个目标。

　　（1）知识目标。通过对本书的学习，学生能够认识到数据库的重要性和软件工程师的责任与使命；具备系统的数据库基本理论知识，对数据库基本概念、SQL 的基本语法，以及数据安全性、完整性、并发性的原理有深刻的理解；对数据库技术创新的方法和路径有所了解，具备在 IT 领域终身学习的意识。

　　（2）能力目标。通过对本书的学习，学生既能够正确使用关系代数，也能够正确运用 SQL 实现各类查询操作；能够运用 SQL 完成数据库的各种操作；能够根据实际需求开发设计数据库系统；能够对数据库系统进行维护管理；具备团队合作和自主学习的能力。

　　（3）素质目标。通过对本书的学习，学生能够深刻认识数据库在国家"新基建"建设中的重要性和紧迫性；具备精益求精的工匠精神；具有实现中华民族伟大复兴的中国梦的使命感和责任感。

　　本书围绕"学生成绩数据库"项目，将数据库建模、应用与管理系统开发等内容联系在一起，由浅入深、循序渐进地进行讲解。全书分为 3 个部分，共 11 章：第 1~5 章为基础理论部分，包括数据库系统概论、关系数据库、数据库设计、数据库恢复技术、数据库并发控制等内容；第 6~9 章为实用技术部分，介绍在 SQL Server 2019 环境下，使用 SQL 语句完成数据库定义与操作、数据库的安全性、触发器、数据库备份与还原等内容；第 10~11 章为综合应用部分，包括基于 ADO. NET 的数据库开发基础和基于 JDBC 的数据库开发基础等内容。

　　书中实用技术部分所有的程序都在 SQL Server 2019 环境下调试通过，这部分内容以应用型本科教学计划为依据，形成数据库实验体系，涵盖验证性实验、设计性实验。综合应用部分主要实现管理信息系统的开发、前后台调用，涵盖综合性实验，注重对学生动手能力的培养。

　　本书由米晓萍统稿，并编写第 1~9 章内容，第 10~11 章由朱云雷编写。

　　由于编者水平有限，书中难免存在疏漏和不足之处，恳请读者批评指正，以便于本书的修改和完善。如有问题，可以通过 E-mail：mixiaoping@ sxu. edu. cn 与编者联系。

编　者

2023 年 12 月

第二部分　实用技术

第一部分　基础理论

本部分主要介绍数据库的基础理论，包括以下内容。

- 数据、数据库、数据库管理系统、数据库系统概念，以及它们之间的关系。
- 数据管理技术的发展经历的阶段，以及每个阶段各自的特点。
- 数据库系统的三级体系、两级映像结构。
- 数据库系统的组成。
- 数据模型、数据模型的三要素、数据模型的分类。
- 关系数据库中关系的定义及相关操作。
- 关系的完整性。
- 关系的规范化理论。
- 数据库的设计。
- 数据库的恢复技术。
- 数据库并发控制。

第1章 数据库系统概论

能力目标	知识要点	权重
了解数据库技术发展的脉络，掌握数据、数据库、数据库管理系统、数据库系统的概念	1. 数据、数据库、数据库管理系统、数据库系统的概念 2. 数据管理技术经历的3个阶段	20%
理解数据库系统的结构及组成，掌握三级体系两级映像结构	1. 三级体系、两级映像结构，两级映像与数据独立性的关系 2. 组成数据库系统的各成员之间的关系	30%
掌握数据模型的三要素，了解3类数据模型的差异	1. 数据模型 2. 常用的3类数据模型	20%
掌握E-R的设计方法，能够举一反三	E-R的设计	30%

　　随着物联网、移动互联网、社交媒体等信息技术的飞速发展，各类信息系统应运而生，人们的生活更为便捷，这一切都基于大量的数据资源。数据资源急剧膨胀，如何管理数据？如何利用计算机对这些数据资源进行科学的组织、存储、检索、维护和共享？带着这些问题，我们来学习数据库系统。

　　数据库系统的核心任务是数据管理。数据管理（Data Management）指的是对数据进行组织、存储、检索、分析、保护和处理的过程和实践，它是确保数据能够在组织内部（或跨组织）以一致的方式有效地被管理和利用的关键活动。

　　数据管理涵盖了以下方面。

　　（1）数据采集与获取：包括从各种来源收集和获取数据，如传感器、数据库、文件、网络等；确保数据的准确性、完整性和一致性。

　　（2）数据存储与组织：将数据结构化，并将其存储在适当的存储介质中，如数据库、数据仓库、云存储等，以便有效地管理和使用数据。

　　（3）数据清洗与预处理：清理和处理原始数据，解决数据重复、缺失、错误等问题，使数据符合质量标准和分析要求。

　　（4）数据集成与整合：将来自不同源头的数据进行整合和统一，消除数据冗余，确保数据一致性和可比性。

（5）数据分析与挖掘：应用各种技术和方法对数据进行分析和挖掘，发现数据中隐藏的模式、趋势和关联规则，为决策提供支持。

（6）数据安全与隐私：确保数据的安全性和隐私性，采取适当的措施防止数据泄露、滥用和未经授权的访问。

（7）数据备份与恢复：制定数据备份策略，定期备份数据，并能够在出现故障或灾难情况下进行数据恢复。

（8）数据治理与合规：建立数据管理的政策、标准和流程，确保数据的合规性、可追溯性和合法性。

数据管理在组织中具有重要的作用，它能够提高数据的质量和一致性，增强数据的可用性和可信度，支持决策和业务需求，促进创新和价值创造。

1.1 数据库系统中基本概念

（1）数据（Data）是描述现实世界的事物或信息的符号表示。数据库中存储的数据可以是文本、数字、图像、音频等形式。数据的含义被称为数据的语义，数据与其语义是不可分的。

例如，1 既可以表示一个人，也可以表示"高电平"，还可以表示"真"。

（2）数据库（Database，DB）是长期储存在计算机内的、有组织的、可共享的大量数据的集合。

（3）数据库管理系统（Database Management System，DBMS）是用于管理和操作数据库的软件。它提供了对数据库的访问、安全性管理、数据备份和恢复等功能。

（4）数据库系统（Database System，DBS）由数据库、数据库管理系统及其应用开发工具、应用程序、数据库管理员组成。

1.2 数据管理技术及发展

随着应用需求的推动和计算机软、硬件的发展，数据管理到目前为止经历了 3 个阶段，分别是人工管理阶段、文件系统阶段、数据库系统阶段。

1.2.1 人工管理阶段

20 世纪 50 年代之前，计算机主要用于科学计算。

硬件上，外存只有磁带、卡片、纸带，没有磁盘这种直接存取存储设备。软件上，没有操作系统，数据的处理方式是批处理。数据管理主要依靠人工操作来手动记录、整理和存储数据。人工管理阶段的主要特点是低效、容易出错，并且难以应对大规模数据处理和复杂查询的需求，数据与程序之间没有独立性，一组数据对应一个程序，数据是面向应用的。

人工管理阶段应用程序与数据集之间的关系如图 1-1 所示。

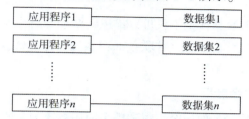

图1-1　人工管理阶段应用程序与数据集之间的关系

1.2.2　文件系统阶段

20 世纪 50 年代末到 20 世纪 60 年代中期，随着计算机技术的发展，硬件上出现了磁盘、磁鼓这种直接存取存储设备，软件上出现了文件系统，数据的处理方式是联机实时处理和批处理。计算机不仅被应用到科学计算上，而且也被应用到数据管理上，数据由文件系统来管理。文件系统通过文件夹和文件的层次结构来组织和存储数据，提供了更高效的数据访问方式。但是，文件系统仍然面临一些挑战，如数据冗余、数据一致性难以维护、数据和程序之间独立性差。而且文件系统中文件是为某一特定应用服务的，文件的逻辑结构对该应用程序来说是优化的。因此，若想针对现有的数据再增加一些新的应用是很困难的，系统不容易扩充。一旦数据的逻辑结构改变，就必须修改应用程序和文件结构的定义，而应用程序的改变（如应用程序所使用的高级语言的变化等）也将影响文件数据结构的改变。

文件系统阶段应用程序与文件之间的关系如图 1-2 所示。

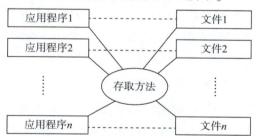

图1-2　文件系统阶段应用程序与文件之间的关系

1.2.3　数据库系统阶段

20 世纪 50 年代末到 60 年代末期，随着计算机技术的发展，硬件上出现了大容量磁盘、磁盘阵列，软件上出现了数据库管理系统，数据库系统应运而生。计算机应用于大规模数据管理，数据处理方式是联机实时处理、分布处理、批处理。数据库系统采用了更为结构化和规范化的方式来组织和管理数据。

数据库系统的特点如下。

1. 数据的整体结构化

数据用数据模型描述，数据模型不仅可以描述数据本身的特点，而且可以描述数据之间的联系，包括数据间的逻辑结构以及这种联系如何实现。这样数据不再只针对某一个应用，而是面向全组织面向整个应用系统。

2. 数据共享性高、冗余度低

因为数据库系统中的数据是面向全组织和整个应用系统的，所以数据的共享性高、冗余度低。

3. 数据独立性强

数据独立性是指数据库系统中的数据与应用程序和物理存储之间的关系，即数据的逻辑结构、操作和物理存储之间相互独立。数据库系统的数据独立性包括以下两种。

（1）逻辑数据独立性：数据库中的逻辑结构与应用程序之间的关系。当数据库的逻辑结构发生变化时，应用程序不需要进行修改。例如，可以修改表的结构、增加或删除表之间的关系，而不需要改变应用程序的查询和更新操作。这种独立性使在不影响应用程序的情况下进行数据库结构的扩展和调整成为可能。

（2）物理数据独立性：数据库中的物理存储与应用程序之间的关系。当数据库的物理存储结构发生变化时，应用程序也不需要进行修改。例如，可以改变数据的存储结构、调整数据在磁盘上的组织方式，而不会影响应用程序的查询和更新操作。因为这种独立性，所以可以根据需要对数据库进行性能优化，如更改索引类型、调整缓存策略等，而不会影响应用程序的功能。

数据独立性在数据库系统中具有重要的意义。它使数据库系统更加灵活和可维护，降低了系统开发和维护的成本，增强了数据的安全性和一致性。通过实现数据独立性，可以将关注点从底层的数据存储和物理细节中解脱出来，更加专注于应用程序的开发和业务逻辑的实现。

4. 数据由数据库管理系统统一管理和控制

数据库管理系统用于管理和组织数据，并提供对数据的存储、检索、更新等操作。

数据库管理系统通过以下几个方面实现对数据的统一管理和控制。

（1）数据定义和数据操作。数据库管理系统提供指令定义、描述数据的结构，以及对数据的增、删、改、查等操作。

（2）数据的安全性。数据库管理系统保护数据，防止不合法的使用造成数据的泄密和破坏。

（3）数据的完整性。数据库管理系统保证数据的正确性、有效性和相容性。

（4）数据库的并发控制。数据库管理系统对多用户的并发操作加以控制和协调，防止相互干扰，杜绝给用户提供错误的数据。

（5）数据库的恢复。数据库被破坏时，数据库管理系统可根据备份将数据库从错误状态恢复到先前的某一个正确状态。

数据库系统阶段应用程序与数据库之间的关系如图1-3所示。

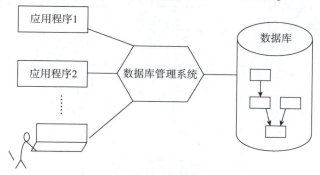

图1-3　数据库系统阶段程序与数据库之间的关系

1.3　数据库系统的结构

数据库系统有着严格的体系结构，各个厂家研发的数据库系统的类型和规模可能相差很大，但它们具有相同的特征——三级体系、两级映像结构，下面分别介绍。

1.3.1　三级体系结构

数据库系统通常采用三级体系结构，包括外模式（也称为用户模式、子模式或视图模式）、模式（也称为逻辑模式或全局模式）和内模式（也称为存储模式或物理模式），其三级体系、两级映像结构如图1-4所示。这种三级体系结构有助于实现数据与应用程序的独立性和灵活性。

1. 外模式

外模式（External Schema）是用户对数据库的可见部分，也是用户与数据库系统交互的接口。每个用户可以定义自己的外模式，以满足其特定的需求。外模式定义了用户所能看到和访问的数据和操作。

2. 模式

模式（Conceptual Schema）定义了整个数据库系统的逻辑结构，它是对整个数据库的全局视图。模式描述了数据之间的关系、约束和完整性规则等重要信息。它与具体的物理存储无关，仅关注数据的逻辑组织。

3. 内模式

内模式（Internal Schema）是数据库中最底层的一层，它描述了数据在存储介质上的实际组织方式和物理结构。内模式与具体的数据库管理系统密切相关，它包括对存储空间的分配、索引的建立、数据压缩等信息。

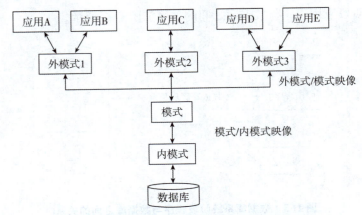

图 1-4   数据库系统的三级体系、两级映像结构

1.3.2   三级体系结构的地位与关系

三级体系结构中的 3 种模式在数据库系统中的地位不同。模式是数据库系统模式结构的中间层，与数据的物理存储无关，与具体的应用程序、开发工具及高级程序设计语言无关，仅关注数据的逻辑组织，一个数据库只有一个模式，一个模式可以对应多个外模式，它们是全局与局部的关系。外模式介于模式与应用之间，一个数据库可以有多个外模式，一个应用程序只能使用一个外模式，但同一个外模式可以为某一用户的多个应用系统所使用。内模式是真正存在的模式，一个数据库只有一个内模式。

1.3.3   两级映像以及其与数据独立性之间的关系

两级映像是指外模式和模式之间的映像，以及模式和内模式之间的映像。

1. 外模式和模式之间的映像

外模式是用户的数据视图，而模式是全局逻辑结构，它们之间需要进行映像以保证数据的一致性。数据库管理系统通过外模式到模式的映像，将用户的操作转化为相应的模式操作，从而实现用户与数据库的交互。

外模式和模式之间的映像保证数据的逻辑独立性：当模式改变时，数据库管理员对外模式/模式映像做出相应改变，使外模式保持不变。应用程序是依据数据的外模式编写的，因此应用程序不必修改，保证了数据与程序的逻辑独立性。

2. 模式和内模式之间的映像

模式是对数据库的逻辑描述，而内模式是数据库在存储介质上的物理表示，它们之间也需要进行映像。映像的目的是将全局逻辑结构转化为底层的物理结构，包括数据在存储介质上的组织方式、索引的建立等，以优化数据库的性能和存储空间的利用。

模式和内模式之间的映像保证数据的物理独立性：当数据库的存储结构改变（例如选用了另一种存储结构）时，数据库管理员修改模式/内模式映像，使模式保持不变，应用程序不受影响，保证了数据与程序的物理独立性。

1.4　数据库系统的组成

数据库系统由数据库、数据库管理系统及其应用开发工具、数据库应用程序、数据库管理员和数据库中的其他用户组成，如图1-5所示。

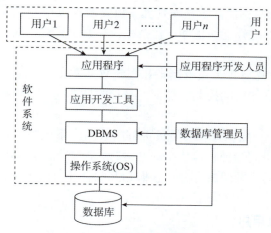

图1-5　数据库系统的组成

1. 数据库

数据库是数据库系统的核心部分，用于持久地存储数据，并提供高效的数据访问和管理功能。

2. 数据库管理系统及其应用开发工具

数据库管理系统是用于管理和操作数据库的软件。它提供了对数据库的访问、安全性管理、数据备份和恢复等功能。常见的数据库管理系统有 MySQL、Oracle、SQL Server 等。

3. 数据库应用程序

数据库应用程序(Database Application)是基于数据库的应用软件，通过与数据库交互来实现数据的读取、插入、更新、删除等操作。常见的数据库应用程序包括企业管理系统、电子商务系统、在线银行系统等。

4. 数据库管理员

数据库管理员(Database Administrator，DBA)负责数据库系统的设计、部署、运行和维护。他们负责数据库的安全性、性能优化、备份恢复、用户权限管理等工作，并与用户和开发人员沟通协调，具体包括以下工作。

(1)数据库设计与规划。数据库管理员负责参与数据库系统的设计和规划，包括确定数据库结构、表和关系的设计，选择合适的数据类型和约束，以确保数据库的高效性、可扩展性和安全性。

(2)数据库安装与配置。数据库管理员负责安装、配置和部署数据库软件，确保数据库服务器能够正常运行，并进行必要的设置和优化，以满足系统需求。

（3）用户管理与权限控制。数据库管理员管理数据库用户账号和权限，包括创建、修改和删除用户账号，分配和撤销权限，以确保每个用户只能访问其所需的数据，并保障数据的安全性。

（4）数据库备份与恢复。数据库管理员负责制定和执行数据库备份策略，定期备份数据库，以避免数据丢失。当数据库发生故障或数据丢失时，数据库管理员负责进行数据恢复操作，确保数据的完整性和可用性。

（5）数据库性能监控与调优。数据库管理员负责监控数据库的性能和运行状况，识别潜在的性能瓶颈和问题。通过性能调优和优化技术，如索引优化、查询优化和配置优化，提高数据库的响应速度和效率。

（6）安全管理。数据库管理员负责制定和实施数据库安全策略，确保数据库系统的安全性。他们配置安全功能，如访问控制、加密、身份验证功能，以保护数据库免受未经授权的访问和数据泄露。

（7）故障排除与维护。数据库管理员负责解决数据库系统中发生的故障和错误，并进行数据库的维护工作，如空间管理、碎片整理和运行状况监测，以确保数据库的正常运行。

以上是数据库系统的主要组成部分，它们相互配合和协同工作，实现了高效、安全和可靠的数据管理和访问。

5. 数据库中的其他用户

数据库用户除了数据库管理员外，还有另外几类用户。

（1）应用程序开发人员（Application Developers，AP）：使用数据库系统来开发和部署应用程序的人员。他们负责设计数据库结构、编写应用程序代码，并与数据库交互实现数据的增删改查操作，以支持应用程序的功能需求。

（2）普通用户（General Users，GU）：使用数据库系统的最终用户，他们通过应用程序或者直接与数据库交互来访问和操作数据。普通用户的权限受限，只能执行被授权的操作，如查询数据、插入、更新和删除自己的数据等。

（3）运维人员（Operations Staff）：负责数据库系统的日常运维工作的人员，他们的工作包括监控数据库性能、执行备份和恢复操作、处理故障和异常等。

除了以上几种用户类型，有些数据库还可以支持其他特殊用户类型，如审计管理员、安全管理员等，根据具体的数据库系统和需求，用户类型可以有所不同。每个用户在数据库中都有对应的账号和密码，并且被授予不同的权限和角色，以确保数据的安全性和完整性。

1.5　数据模型

通俗地讲，数据模型就是对现实世界的模拟，对现实世界数据特征的抽象。数据模型是数据库系统的基础。

1.5.1　3个世界

1. 现实世界

现实世界是客观存在的世界，现实世界中存在各种事物，事物与事物之间存在各种联系，这些联系由事物本身的特征所决定。数据库模型的设计应该反映现实世界的结构和约束。

2. 信息世界

人们要想描述现实世界，就需要把它用文字或符号记载下来，这些文字或符号就体现为信息，因此信息世界就是对现实世界的抽象。在数据库中，信息世界代表根据需求和目的创建的数据库中的数据和信息。

3. 机器世界

机器世界又称计算机世界，它将信息世界的信息存储到计算机中，管理和处理信息世界中的数据。在数据库中，数据由管理软件和操作系统控制，通过编程接口和查询语言与用户进行交互。

3个世界的关系如图1-6所示。

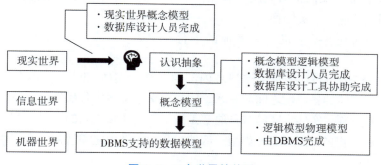

图1-6　3个世界的关系

1.5.2　3种数据模型

将现实世界抽象为信息世界，采用概念模型进行建模；将信息世界转换为机器世界，采用逻辑模型和物理模型实现。

概念模型（Conceptual Model）是对信息世界的建模，是对现实世界进行抽象和概括的模型，用于描述信息世界中的基本概念和关系。概念模型通常是独立于任何具体技术和平台的，便于不同人群之间的沟通和理解。概念模型通常采用实体-联系方法进行建模，该方法用 E-R（Entity-Relationship Approach）图来进行描述。

逻辑模型（Logical Model）是对信息世界进行逻辑抽象和描述的模型，用于表示系统的数据和处理逻辑。逻辑模型更接近于实际的系统实现，不涉及具体的物理实施和技术细节。它主要关注系统的数据结构以及数据之间的关联和操作。逻辑模型根据数据结构，可以分为层次模型、网状模型、关系模型等。

物理模型(Physical Model)是对数据库系统进行具体物理实现的模型,是对数据最低层的抽象,它描述数据在磁盘或磁带上的存储方式和存储方法,是面向计算机系统的。

1.5.3 概念模型

概念模型是对信息世界的建模,是现实世界到机器世界的一个中间层次,描述的是信息世界中的基本概念和关系。

1. 概念模型的基本概念

(1)实体(Entity):客观存在并可以相互区别的事物。实体可以是具体的人、事、物或抽象的概念。例如,一个学生、一门课程、一个产品等都是实体。

(2)属性(Attribute):实体所具有的特性。每个实体可由一组属性来描述。例如,在学生实体中,属性可以包括学号、姓名、性别、出生日期、专业、学院等。

(3)码(Key):唯一标识实体的属性或一组属性。码用于确保每个实体具有唯一的标识。例如,学生的学号就是学生实体的码。

(4)实体型(Entity Type):也称为实体类,指具有相同属性集合的实体的抽象集合,用实体名及其属性名集合来抽象和刻画。例如,学生(包括学号、姓名、性别、出生日期、专业、学院等属性)就是一个实体型。

(5)实体集(Entity Set):同类型实体的集合。例如,一个学校的全体学生就是一个实体集。

(6)联系(Relationship):表示实体(型)内部的联系和实体(型)之间的联系。实体内部的联系通常是指组成实体的各属性之间的联系。例如,学生实体中各属性的联系,学号决定了姓名,学号决定了专业等。实体之间的联系通常是指不同实体集之间的联系。实体之间的联系可以是一对一、一对多和多对多等多种类型。例如,学生和课程之间就是一个多对多的联系。

2. E-R 图

(1)实体之间的联系。

1)两个实体型之间的联系。

①一对一联系(1:1):对于实体集 A 中的每一个实体,实体集 B 中至多有一个(也可以没有)实体与之联系,反之亦然,则称实体集 A 与实体集 B 具有一对一联系,记为 1:1,如图 1-7(a)所示。

例如,学校里一个商店只有一名总经理,而一名总经理只在一个商店任职,则商店与总经理之间具有一对一联系。

②一对多联系(1:n):对于实体集 A 中的每一个实体,实体集 B 中有 n 个实体($n \geqslant 0$)与之联系;反之,对于实体集 B 中的每一个实体,实体集 A 中至多只有一个实体与之联系,则称实体集 A 与实体集 B 具有一对多联系,记为 1:n,如图 1-7(b)所示。

例如,一个商店中有若干职工,而每个职工只在一个商店中工作,则商店与职工之间具有一对多联系。

③多对多联系(m:n):对于实体集 A 中的每一个实体,实体集 B 中有 n 个实体($n \geqslant 0$)与之联系;反之,对于实体集 B 中的每一个实体,实体集 A 中有 m 个实体($m \geqslant 0$)与之联

系，则称实体集 A 与实体集 B 具有多对多联系，记为 $m：n$，如图 1-7(c)所示。

例如，一个商店可以有若干名顾客进行购物，而一名顾客可以到不同的商店进行购物，则商店与顾客之间具有多对多联系。

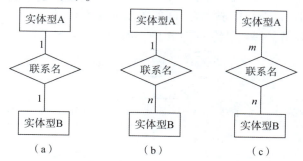

图 1-7 两个实体型之间的联系

（a）一对一联系；（b）一对多联系；（c）多对多联系

2）两个以上的实体型之间的联系。

一般地，两个以上的实体型之间也存在着一对一、一对多、多对多联系。

例如，一门课程可以由若干个教师给若干个学生讲授，一个学生可以选修不同教师讲授的不同课程，一个教师可以给不同的学生讲授不同的课程，则课程、教师、学生这 3 个实体之间的联系是多对多的。如果一门课程可以由若干个教师使用若干本参考书进行讲授，每个教师只使用一本参考书讲授一门课程，每本参考书可以供同一门课程的不同教师授课使用，那么课程与教师、参考书之间的联系是一对多的，如图 1-8 所示。

3）单个实体型内的联系。

同一个实体集内的各实体之间也可以存在一对一、一对多、多对多的联系。

例如，职工实体型内部具有领导与被领导的联系，即某一职工（干部）领导若干名职工，而一个职工仅被另外一个职工直接领导，因此这是一对多的联系，如图 1-9 所示。

图 1-8 两个以上的实体型之间的联系

图 1-9 单个实体型内的联系

（2）E-R 图的设计。

E-R 图提供了表示实体型、属性和联系的方法。

实体型用矩形表示，矩形框内写明实体名。

属性用椭圆形表示，并用无向边将其与相应的实体型连接起来。

联系用菱形表示，菱形框内写明联系名，并用无向边分别与有关实体型连接起来，同时在无向边旁标上联系的类型（1：1、1：n 或 $m：n$），联系可以具有属性。

【例 1-1】一个商店有一个经理，一个经理只能在一个商店工作；一个商店有多个职工，一个职工仅能在一个商店工作；一个商店有多个顾客，一个顾客可以到多个商店进行购物，每次购物都会有一个消费金额和消费日期。根据上述情景描述绘制 E-R 图。

解：第一步，确定实体及实体属性。该情景中有 4 个实体，分别为商店、经理、职工、顾客。其中，商店的属性有商店编号、地址、名称。经理的属性有经理编号、姓名、性别等。职工的属性有职工工号、姓名、性别等。顾客的属性有顾客编号、姓名、性别等。

第二步，确定实体型间的联系。该情景中实体型商店与经理之间的关系为 1∶1，商店与职工之间的关系为 1∶n，商店与顾客之间的关系为 $m∶n$。

第三步，用图形表示，得到最终的 E-R 图，如图 1-10 所示。

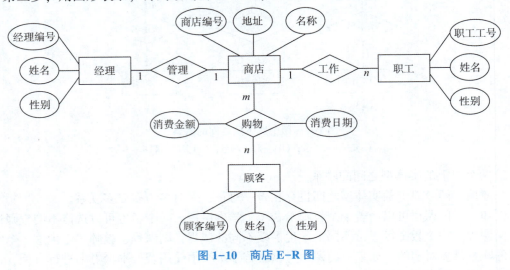

图 1-10　商店 E-R 图

1.5.4　逻辑模型

1. 逻辑模型的三要素

逻辑模型通常由 3 个要素组成，具体如下。

（1）数据结构：描述了数据库的组成对象以及对象之间的联系。也就是说，数据结构一方面描述的是数据对象的类型、内容、性质等，如关系模型中用属性、元组、关系等描述数据对象；另一方面描述的是数据之间的联系，如关系模型中用集合（关系）描述数据间的联系。数据结构是对系统静态特性的描述。常见的数据结构有线性结构、树、图、集合等，人们通常按照数据结构的类型来命名逻辑模型。例如，层次模型（采用树形结构）、网状模型（采用图形结构）、关系模型（采用集合结构）。

（2）数据操作：对数据进行的各种操作和处理，包括数据的增加、删除、修改、查询等操作。数据操作是对系统动态特性的描述。

（3）数据的完整性约束：对数据的限制和规定，用于确保数据的完整性、一致性和有效性。数据的完整性约束可以限制数据的取值范围、关系和依赖关系，以及其他的业务规则。常见的数据约束包括主码约束、外码约束、唯一约束、默认值约束等，它们用于保证数据的可靠性。

2. 3 种逻辑模型

根据逻辑模型的不同分类标准，逻辑模型可以分为以下 3 种类型。

（1）层次模型：将对象组织成树状结构，其中每个对象都有一个父对象和若干个子对象。

1）层次模型的三要素。

数据结构采用树形结构，描述的是一对多的联系。数据操作主要有插入、删除、修改、查询。数据的完整性约束指进行插入、删除、修改时要满足层次结构的特点。进行插入操作时，无相应的双亲节点值就不能插入子女节点值。进行删除操作时，若删除双亲节点值，则相应的子女节点值也被同时删除。进行修改操作时，应更新所有相应记录，以保证数据的一致性。

2）层次模型的优、缺点。

层次模型的优点主要有以下几个。

①层次模型的数据结构比较简单清晰。

②节点之间关系简单，从根节点出发到任一节点均存在一条唯一的路径，当要存取某个节点的记录值时，沿着该路径就能很快地找到该记录，因此采用该模型建立的数据库系统查询效率高。

③层次模型提供了良好的完整性支持。

层次模型的缺点主要有以下几个。

①不能直接表示两个及两个以上实体间的多对多的联系，只能采用冗余节点或虚拟节点的方法解决，容易造成数据不一致。

②对插入和删除操作的限制多，应用程序的编写比较复杂。

③查询子女节点必须通过双亲节点。

④层次命令趋于程序化。

（2）网状模型：现实世界中事物之间的联系更多的是非层次关系，网状模型使用图形结构来表示对象和关系之间的复杂连接。网状模型可以更直接地描述现实世界。

1）网状模型的三要素

数据结构采用图形结构，描述的是多对多的联系，允许一个以上的节点无双亲，也允许一个节点有多个双亲，允许两个节点之间有多种联系。数据操作主要有插入、删除、修改、查询。数据的完整性约束指进行插入、删除、修改时要满足网状结构的特点。进行插入操作时，允许插入尚未确定双亲节点值的子女节点值。例如，可增加一名尚未分配到某个教研室的新教师，也可增加一些刚来报到、还未分配宿舍的学生。进行删除操作时，允许只删除双亲节点值。例如，可删除一个教研室，而该教研室所有教师的信息仍保留在数据库中。修改数据时，可直接表示非树形结构，而无须像层次模型那样增加冗余节点。因此，修改操作时只需更新指定记录即可。网状模型没有像层次模型那样严格的完整性约束条件，只提供一定的完整性约束。

2）网状模型的优、缺点。

网状模型的优点主要有以下几个。

①能更为直接地描述现实世界，可表示实体间的多种复杂联系。

②具有良好的性能和存储效率。

网状模型的缺点主要有以下几个。

①数据结构复杂，并且随着应用环境的扩大，数据库的结构变得越来越复杂，不便于终端用户掌握。

②其数据定义语言(Data Definition Language，DDL)和数据操纵语言(Data Manipulation Language，DML)极其复杂，用户不易掌握。

③记录之间联系是通过存取路径实现的，用户必须了解系统结构的细节。

(3)关系模型：采用二维表来描述复杂的数据结构。它是数据库管理系统中最常用的模型。

1)关系模型的三要素。

数据结构是一张规范化的二维表，它由表名、表头和表体3个部分构成，这张规范化的二维表被称为关系。所谓规范化，指的是关系中的每一个分量必须是一个不可分的数据项，不允许表中还有表；表名就是二维表的名称，称为关系名；表头就是二维表的列数以及每列的列名，称为关系模式；表体就是二维表中的数据，每一行被称为元组，每一列被称为属性，每一个数据被称为分量。数据操作是集合操作，操作对象和操作结果都是关系，即进行插入、删除、修改、查询的对象和结果都是关系，数据的存取路径对用户隐蔽，用户只要指出"干什么"，不必详细说明"怎么干"。数据的完整性约束主要包括实体完整性、参照完整性和用户自定义完整性，从而大大地增强了数据的独立性，提高了用户操作效率。

2)关系模型的优、缺点。

关系模型的优点主要有以下几个。

①建立在严格的数学概念的基础上。

②概念单一。实体和各类联系都用关系来表示，对数据的检索结果也是关系。

③关系模型的存取路径对用户隐蔽。具有更强的数据独立性、更好的安全保密性，简化了程序员的工作和数据库开发建立的工作。

关系模型的缺点主要有以下几个。

①存取路径对用户隐蔽，其查询效率往往不如格式化的数据模型。

②为提高性能，必须对用户的查询请求进行优化，增加了开发数据库管理系统的难度。

第 2 章　关系数据库

能力目标	知识要点	权重
掌握关系数据库的数据结构	1. 关系数据库的数据结构 2. 关系数据库中的相关概念	10%
掌握关系数据库的完整性约束	1. 实体完整性 2. 参照完整性 3. 用户自定义完整性 4. 触发器	20%
掌握关系数据库的规范化理论、数据依赖的基本概念、属性集闭包的算法、最小函数依赖集的算法、范式的概念	1. 规范化定义 2. 函数依赖，完全函数依赖、部分函数依赖、传递依赖 3. 属性集闭包的算法 4. 最小函数依赖集的算法 5. 从 1NF 到 BCNF 的定义	30%
能够根据应用语义，完整地写出关系模式的数据依赖集合，并能根据数据依赖找出关系模式的候选码，以及判定关系模式属于第几范式	1. 关系模式的数据依赖 2. 关系模式候选码的求解算法 3. 范式的判定	40%

关系数据库是一种基于关系模型的数据库管理系统，20 世纪 70 年代，关系数据库的概念由 Edgar F. Codd 提出，并在 IBM Research Lab 得到了实际的实现。这一阶段的代表是 IBM 的 System R 和 Oracle 的 Oracle Database。20 世纪 80 年代，随着关系数据库的商业化发展，许多公司开始推出商业化的关系数据库产品，如 IBM 的 DB2、Oracle 的 Oracle Database 和 Microsoft 的 SQL Server。此外，ANSI 和 ISO 联合制定了 SQL 标准，确立了关系数据库的标准语言。

20 世纪 90 年代至今，随着计算机硬件和网络技术的快速发展，关系数据库逐渐提升了性能和可扩展性。并行处理、索引优化、分布式数据库等技术被引入，以支持大规模数据处理和高并发访问。

总体而言，关系数据库在过去几十年中得到了广泛的发展和应用，成为大多数企业和组织存储和管理数据的首选方式。随着数据量和业务需求的不断增长，关系数据库也在不断演进和改进，以满足新的挑战和要求。

2.1 关系数据结构及形式化定义

关系模型的数据结构非常简单，只包含单一的数据结构——关系。现实世界的实体以及实体间的各种联系均用关系来表示。从用户角度看，关系模型中数据的逻辑结构是一张二维表。

2.1.1 关系的形式化定义

在第 1 章 1.5.4 小节中已经非形式化地介绍了关系模型及其相关的一些概念，关系模型是以集合代数理论为基础的，下面就从集合论角度形式化地定义关系数据结构。

1. 域

域（Domain）是一组具有相同数据类型的值的集合，又称为值域（用 D 表示）。例如，字符串的集合、{男，女}、[0，200]等都是域。在关系数据库中，域是属性的取值范围，用于定义属性可以存储的数据类型。

域中所包含的值的个数称为域的基数（用 m 表示）。

举例如下。

D_1 = {张海帆，王清平，刘小伟}，m_1 = 3。

D_2 = {男，女}，m_2 = 2。

D_3 = {电气工程，软件工程}，m_3 = 2。

其中 D_1、D_2、D_3 分别表示学生关系中的姓名域、性别域、专业域。

2. 笛卡儿积

给定一组域 D_1，D_2，$\cdots$，D_n（它们可以是相同的元素，既可以完全不同，也可以部分或全部相同）。D_1，D_2，$\cdots$，D_n 的笛卡儿积（Cartesian Product）为

$$D_1 \times D_2 \times \cdots \times D_n = \{(d_1, d_2, \cdots, d_n) \mid d_i \in D_i, i = 1, 2, \cdots, n\}$$

其中，每一个元素 $(d_1, d_2, \cdots, d_n)$ 叫作一个 n 元组（n-Tuple），简称元组（Tuple），通常用 t 表示。每一个元素 $(d_1, d_2, \cdots, d_n)$ 中的每一个值 d_i 叫作一个分量（Component）。

笛卡儿积 $D_1 \times D_2 \times \cdots \times D_n$ 的基数 M 为所有域的基数的累乘之积，即：

$$M = \prod_{i=1}^{n} m_i$$

例如，上述表示学生关系中姓名、性别、专业 3 个域的笛卡儿积为：$D_1 \times D_2 \times D_3$ = {（张海帆，男，电气工程），（张海帆，男，软件工程），（张海帆，女，电气工程），（张海帆，女，软件工程），（王清平，男，电气工程），（王清平，男，软件工程），（王清平，女，电

气工程)，(王清平，女，软件工程)，(刘小伟，男，电气工程)，(刘小伟，男，软件工程)，(刘小伟，女，电气工程)，(刘小伟，女，软件工程)}。

该笛卡儿积的基数为 $3 \times 2 \times 2 = 12$，即 $D_1 \times D_2 \times D_3$ 一共有 12 个元组，其中(张海帆，男，电气工程)、(王清平，男，电气工程)等都是元组，张海帆、男、电气工程等都是分量。该笛卡儿积的 12 个元组可以列为一张二维表，如表 2-1 所示。

表 2-1　笛卡儿积的几个元组

姓名	性别	专业
张海帆	男	电气工程
张海帆	男	软件工程
张海帆	女	电气工程
张海帆	女	软件工程
王清平	男	电气工程
王清平	男	软件工程
王清平	女	电气工程
王清平	女	软件工程
刘小伟	男	电气工程
刘小伟	男	软件工程
刘小伟	女	电气工程
刘小伟	女	软件工程

3. 关系(Relation)

笛卡儿积 $D_1 \times D_2 \times \cdots \times D_n$ 的子集叫作在域 D_1，D_2，$\cdots$，D_n 上的关系，表示为：

$$R(D_1，D_2，\cdots，D_n)$$

其中，R 表示关系的名字，n 是关系的目或度(Degree)。

当 $n = 1$ 时，称该关系为单元关系。

当 $n = 2$ 时，称该关系为二元关系。

例如，上例笛卡儿积 $D_1 \times D_2 \times D_3$ 中的某个子集可以构成学生关系 S，如表 2-2 所示。

表 2-2　学生关系 S

姓名	性别	专业
张海帆	男	电气工程
王清平	女	软件工程
刘小伟	男	电气工程

从用户角度看，关系就是一张二维表，表的每行对应一个元组，表的每列对应一个域。关系中不同列可以对应相同的域，因此为了区分，必须给每列起一个名字，称为属性(Attribute)，n 目关系必有 n 个属性。

关系中能唯一标识元组的一个属性或属性组合，而且其子集不能标识，则称该属性或属性组合为候选码。

如果一个关系中有多个候选码，则任选一个作为主码。

一种最极端的情况是关系的所有属性的组合是这个关系模式的候选码，则称为全码。

候选码中的属性被称为主属性，不包含在任何候选码中的属性被称为非主属性或非码属性。

例如，表 2-2 学生关系 S 中若没有重名现象，则该关系中姓名就能唯一标识一个元组，因此姓名就是一个候选码。因为该关系只有一个候选码，所以其也为主码，姓名为主属性，性别、专业为非主属性。

设 F 是关系 R 的一个或一组属性，但不是关系 R 的主码。若 F 与关系 S 的主码 Ks 相对应，则称 F 是 R 的外码。其中，基本关系 R 被称为参照关系，基本关系 S 被称为被参照关系或目标关系。

例如，教务系统中的两个关系分别为：

学生(学号，姓名，性别，年龄，班级编号)

班级(班级编号，班级名称)

学生关系的"班级编号"与班级关系的主码"班级编号"相对应，"班级编号"属性是学生关系的外码。班级关系是被参照关系，学生关系为参照关系。

2.1.2 关系的性质

在关系模型中，对关系做了各种限制，关系具有以下性质。

(1)列是同质的，即每一列中的分量必须来自同一个域，必须是同一类型的数据。

(2)不同的属性可出自同一个域，不同的属性要给予不同的属性名。

(3)列的次序可以任意交换。新增加的属性，永远插在表的最后一列。

(4)关系中不能出现相同的元组。关系实质上就是集合，一个集合中不能有相同的元素，因此关系不能有相同的元组。

(5)行的次序可以任意交换。

(6)关系中的分量是不可分割的数据项，即所有属性值必须取原子值，这是规范化条件中最基本的一条。也就是说，表中不能再有表。

规范化关系和非规范化关系分别如表 2-3 和表 2-4 所示。

表 2-3　规范化关系

工号	姓名	岗位工资	绩效工资
101	张丽	3500	4000
102	王强	4000	5000
103	高峰	3800	4500

表 2-4　非规范化关系

工号	姓名	工资	
		岗位工资	绩效工资
101	张丽	3500	4000
102	王强	4000	5000
103	高峰	3800	4500

2.2　关系操作

关系模型给出了关系操作的类型，不同的关系数据库管理系统实现这些操作的语言也不相同。

2.2.1　基本的关系操作

关系数据模型常用的关系操作有查询、插入、删除、修改。

查询操作是关系操作中最主要的部分，主要有选择、投影、连接、除、并、差、交、笛卡儿积等。其中，选择、投影、并、差、笛卡儿积是 5 种基本操作，其他操作可以由这 5 种基本操作定义或推导出来。例如，连接可以由笛卡儿积与选择这两种操作来定义，即连接相当于在笛卡儿积上做选择。

关系操作是集合操作方式，操作的对象和结果都是集合。

2.2.2　实现关系操作的语言

实现关系操作的语言有关系代数、关系演算和具有关系代数和关系演算双重特点的结构化查询语言（Structured Query Language，SQL）。

关系代数采用对关系的运算来表达查询要求，关系演算采用谓词来表达查询要求。关系演算按照谓词变元的对象不同，划分为元组关系演算和域关系演算。

关系代数、元组关系演算和域关系演算均是抽象的查询语言。这些抽象的语言与具体的关系数据库管理系统使用的语言并不完全一样，但它们能作为评估实际系统中查询语言能力的标准或基础。

SQL 是一种通用的、功能极强的关系数据库语言，集 DDL、DML、DCL（Data Control Language，数据控制语言）功能于一体。SQL 是一种高度非过程化语言，用户只要提出"做什么"，无须了解存取路径，存取路径的选择由关系数据库管理系统的优化机制来完成。

2.3　关系的完整性

关系模型中有 3 类完整性约束：实体完整性、参照完整性和用户自定义完整性。其中，实体完整性和参照完整性是关系模型必须满足的完整性约束条件，由关系系统自动支持。用户自定义完整性是用户根据特定业务需求定义的约束条件，体现的是具体领域中的语义约束。

2.3.1　实体完整性

1. 定义

实体完整性(Entity Integrity)是指主码的值不能重复，也不能为空。这意味着每个关系中的每个元组都必须能够唯一地标识，并且不能为空。如果为空，就意味着"不知道""不存在""无意义"，这与实体是客观存在并可以相互区别的概念相矛盾，因此要求主码非空、唯一。

例如，学生(学号，姓名，性别，出生日期，学院)关系中"学号"为主码，则"学号"不能取空值，且值要唯一，不能与关系中的其他元组的学号值相同。选课(学号，课程号，成绩)关系中"学号、课程号"为主码，则"学号"和"课程号"都不能取空值，且它们的组合值要唯一，不能与关系中的其他元组的组合值相同。

2. 违约处理

插入或对主码列进行更新操作时，数据库管理系统遵循实体完整性规则自动进行检查：若主码值不唯一，则拒绝插入或修改；主码的各个属性只要有一个为空，则拒绝插入或修改。

2.3.2　参照完整性

1. 定义

参照完整性(Referential Integrity)是指存在外码关系的表之间的一种约束关系。参照完整性定义的是外码与主码之间的参照关系，如果将一个表中的主码列作为另一个表的外码，那么这个外码的值或者等于被参照关系中的某个主码值，或者为空值。

例如，学生(学号，姓名，性别，年龄，班级编号)关系中的"班级编号"是一个外码，其取值只能取下面两类值。

空值，表明尚未给该学生分配班级。

非空值，这个值必须为班级(班级编号，班级名称)关系中某个元组的班级编号。

2. 违约处理

对被参照关系和参照关系进行更新操作时，数据库管理系统遵循参照完整性规则进行检查，可能会出现以下4种破坏参照完整性的情况。

(1)在参照关系中插入一个元组，若该元组的外码值在被参照关系中没有与其相对应的主码值，则拒绝插入。

(2)修改参照关系中一个元组的外码值，若被参照关系中没有与其相等的主码值，则拒绝插入。

(3)删除被参照关系中一个元组，造成参照关系中某些元组外码的值在被参照关系中没有与之相等的主码值，则有拒绝、级联删除、设置为空值这3种处理方式。

(4)修改被参照关系中一个元组的主码值，造成参照关系中某些元组外码的值在被参照关系中找不到与之相等的主码值，同样也有拒绝、级联删除、设置为空值这3种处理方式。

对于第(3)、(4)种情况，系统一般默认采取拒绝策略，若想让系统采用其他策略，则必须在创建参照表时显式地加以说明。

例如，学生(学号，姓名，性别，年龄，班级编号)和班级(班级编号，班级名称)这两个关系存在参照完整性，学生关系为参照关系，班级关系为被参照关系，对这两个关系进行更新时，可能会出现以下4种破坏参照完整性的情况。

(1)在学生表中插入一个元组，该元组的"班级编号"属性的值在班级表中找不到一个元组的"班级编号"属性的值与之相等，则拒绝插入。

(2)修改学生表中一个元组"班级编号"属性的值，若在班级表中找不到一个元组"班级编号"属性的值与之相等，则拒绝修改。

(3)删除班级表中一个元组，造成学生表中某些元组的"班级编号"属性的值在班级表中找不到一个元组"班级编号"属性的值与之相等，则有拒绝、级联删除、设置为空值这3种处理方式。

(4)修改班级表中一个元组的"班级编号"属性的值，造成学生表中某些元组"班级编号"属性的值在班级表中找不到一个元组"班级编号"属性的值与之相等，同样也有拒绝、级联删除、设置为空值这3种处理方式。

2.3.3 用户自定义完整性

1. 定义

用户自定义完整性(User-defined Integrity)是指用户根据特定业务需求对数据进行的约束规则。这些规则可以是复杂的业务逻辑，超出了实体完整性和参照完整性的限制。用户可以通过触发器、存储过程等方式实现自定义完整性约束，以确保数据的正确性和一致性。

例如，学生(学号，姓名，性别，出生日期，学院)关系中"学院"属性只能取值｛电力学院，建筑学院，软件学院，外语学院｝。

2. 违约处理

在关系表中插入元组或修改属性的值时，关系数据库管理系统将检查约束条件是否满足，若不满足，则拒绝执行。

2.3.4 触发器

1. 定义

触发器(Trigger)是用户定义在关系表上的一类由事件驱动的特殊过程，用于实现比约束更为复杂的完整性要求。当用户对表进行增加、删除、修改操作时，由服务器自动激活相应的触发器，实施更为复杂的检查和操作。触发器具有更精细和更强大的数据约束能力。

2. 特点

(1)触发器满足事件-条件-动作规则，即当特定的事件发生时，对条件进行检查，若条件成立则执行规则中的动作，否则不执行该动作。

（2）触发器中的动作体可以很复杂，通常是一段 SQL 存储过程，因此可以实现比约束更为复杂的完整性要求。

（3）表的拥有者才可以在表上创建触发器，触发器只能定义在基表上。

（4）服务器可以根据表数据修改前后的状态，自动激活定义在该表上相应触发事件的触发器。

触发器具体的工作原理及实现方法将在第 8 章详细讲解。

2.4 关系规范化理论

2.4.1 函数依赖

设 R(U) 是一个属性集 U 上的关系模式，X 和 Y 是 U 的子集。对于 R(U) 的任意一个可能的关系 r，若 r 中不存在两个元组在 X 上的属性值相等，而在 Y 上的属性值不等，则称 X 函数确定 Y 或 Y 函数依赖 X，记作 X→Y。

X→Y，若 Y 不是 X 的子集，则称 X→Y 是非平凡函数依赖；X→Y，若 Y 是 X 的子集，则称 X→Y 是平凡函数依赖。本书主要讨论非平凡函数依赖。

若 X→Y，则称 X 为决定因子。

若 X→Y，并且 Y→X，则称 X 与 Y 等价，记为 X←→Y。

若 Y 不函数依赖 X，则记为 X↛Y。

例如，学生(学号，姓名，性别，出生日期，学院)假设不允许重名，则有：

学号→性别，学号→出生日期，学号→学院

姓名→性别，姓名→出生日期，姓名→学院

学号←→姓名

但性别↛出生日期，性别↛学院

由以上函数依赖，可以得出本关系有两个候选码，分别为学号、姓名，任选其一作为主码。

2.4.2 完全函数依赖和部分函数依赖

在关系模式 R(U) 中，若 X→Y，并且对于 X 的任何一个真子集 X′，都有 X′↛Y，则称 Y 对 X 完全函数依赖，记作 $X \xrightarrow{F} Y$。

若 X→Y，但 Y 不完全函数依赖 X，则称 Y 对 X 部分函数依赖，记作 $X \xrightarrow{P} Y$。

例如，选修(学号，姓名，课程号，课程名，成绩)关系中的函数依赖有：

学号→姓名，课程号→课程名，(学号，课程号)→成绩

由此得知：

(学号，课程号) $\xrightarrow{F}$ 姓名，(学号，课程号) $\xrightarrow{F}$ 课程名，(学号，课程号) $\xrightarrow{P}$ 成绩。

由以上函数依赖，可以得出本关系的候选码为(学号，课程号)。

2.4.3　传递函数依赖

在关系模式 R(U) 中，X、Y、Z 是 R 中不同属性的子集，若 $X \to Y$，$Y \nrightarrow X$，$Y \to Z$，则称 Z 对 X 传递函数依赖，记为 $X \xrightarrow{传递} Z$。

注：若 $Y \to X$，即 $X \longleftrightarrow Y$，则 Z 直接函数依赖 X，而不是传递函数依赖。

例如，在关系学生-公寓(学号，学院，公寓)中，有学号→学院，学院→公寓，则有公寓传递函数依赖学号。

2.4.4　属性集的闭包及其算法

1. 概念

设有关系模式 R(U)，F 是 R 上的函数依赖集，X 是 U 的子集，用函数依赖推理规则可从 F 推出的函数依赖 $X \to A$ 中所有 A 的集合，称为属性集 X 关于 F 的闭包，记为 X^+，即 X^+ = {属性 A | $X \to A$ 能由 F 根据函数依赖推理规则导出}。

2. 算法

算法步骤如下。

(1)设 $X^{(0)} = X$，$i = 0$。

(2)求 B，对 $X^{(i)}$ 中的每个元素，依次检查相应的函数依赖，将依赖它的属性加入 B。

(3)$X^{(i+1)} = B \cup X^{(i)}$。

(4)判断 $X^{(i+1)} = X^{(i)}$，若 $X^{(i+1)}$ 与 $X^{(i)}$ 相等或 $X^{(i)} = U$，则 $X^{(i)}$ 就是 X^+，算法终止；否则 $i = i + 1$，返回第(2)步。

例如，R(H，I，J，K)，F = {H→I，I→J，K→J}，计算 H^+、$(HK)^+$ 和 $(JK)^+$。

解：(1)设 $H^{(0)} = H$。

(2)计算 B：逐一地扫描 F 集合中各个函数依赖，找左部为 H 的函数依赖 H→I。

(3)$H^{(1)} = B \cup H^{(0)} = HI$。

(4)因为 $H^{(0)} \neq H^{(1)}$，再找出左部为 HI 子集的那些函数依赖，有 I→J，于是 $H^{(2)} = H^{(1)} \cup J = HIJ$。

(5)计算 $H^{(3)}$：逐一地扫描 F 集合中各个函数依赖，再也找不到左部为 HIJ 子集的其他函数依赖；因为 $H^{(3)} = H^{(2)}$，所以 $H^+ = HIJ$。

同理，可以求得 $(HK)^+ = HIJK$，$(JK)^+ = JK$。

2.4.5　候选码的求解算法

对于给定的关系模式 $R(A_1，A_2，\cdots，A_n)$ 和函数依赖集 F，可将其属性分为 4 类，具体如下。

(1)L(Left)类：只出现在 F 中函数依赖左边的属性。

（2）R（Right）类：只出现在 F 中函数依赖右边的属性。

（3）N（Null）类：F 中函数依赖左右两边都不出现的属性。

（4）LR（Left & Right）类：F 中函数依赖左右两边都出现的属性

这 4 类属性在候选码中的地位如下。

（1）若 A_i 是 L 类属性，则 A_i 必为 R 的任一候选码的成员。若 A_i^+ 包含了 R 的全部属性，则 A_i 必为 R 的唯一候选码。

（2）若 A_i 是 R 类属性，则 A_i 一定不在任何候选码中。

（3）若 A_i 是 N 类属性，则 A_i 必为 R 的任一候选码的成员。

（4）若 A 是 R 的 N 类和 L 类属性组成的属性集，且 A^+ 包含了 R 的全部属性，则 A 是 R 的唯一候选码。

（5）若 A_i 是 LR 类属性，则 A_i 可能为 R 的任一候选码的成员，也可能不为 R 的任一候选码的成员。

【例 2-1】已知关系模式 R（A，B，C，D，E，F）与其函数依赖集 F＝{AB→C，B→D，C→E，EC→B，AC→B}，求 R 的所有候选码。

解：通过观察 F 发现，A 是 L 类属性，B、C 是 LR 类属性，D 是 R 类属性，F 是 N 类属性，故 A、F 两属性必为 R 的任一候选码的成员，D 一定不在 R 的任一候选码中。

因为（AF）$^+$＝AF，不能包含 R 的全部属性，所以考虑加入 LR 类属性，（ABF）$^+$＝ABCDEF，（ACF）$^+$＝ABCDEF。因为（ABF）$^+$、（ACF）$^+$ 都包含了 R 的全部属性，所以 R 有两个候选码 ABF、ACF。

2.4.6 函数依赖集的等价、覆盖和最小函数依赖集

1. 函数依赖集的等价、覆盖

关系模式 R（U）的两个函数依赖集 F 和 G，若满足 $F^+＝G^+$，则称 F 和 G 是等价的函数依赖集，记作 F≡G。如果 F 和 G 等价，就说 F 覆盖 G，或者 G 覆盖 F。

2. 最小函数依赖集

若 F 为一个最小函数依赖集，则函数依赖集 F 需要满足下列条件。

（1）F 中任一函数依赖的右部仅含有一个属性。

（2）F 中的函数依赖均不能由 F 中其他函数依赖导出。

（3）F 中各函数依赖左部均为最小属性集（不存在冗余属性）。

例如，设有如下的函数依赖集 F_1、F_2、F_3，判断它们是否为最小函数依赖集。

$$F_1＝\{AB→E，BE→C，C→GD\}$$

$$F_2＝\{A→D，B→C，A→C，B→D，D→C\}$$

$$F_3＝\{A→D，AD→B，D→C，C→A\}$$

解：（1）函数依赖集 F_1 中，因为存在函数依赖 C→GD，其右部属性不是单个属性，所以函数依赖集 F_1 不是最小函数依赖集合。

（2）函数依赖集 F_2 中，因为函数依赖 B→C 可由函数依赖的 B→D 和 D→C 导出，所以函数依赖集 F_2 不是最小函数依赖集。

（3）函数依赖集 F_3 中，因为有函数依赖 A→D 导致 AD→B 左部的属性 A 是冗余的，所以函数依赖集 F_3 不是最小函数依赖集。

2.4.7 最小函数依赖集的求解算法

求解最小函数依赖集的算法步骤如下。

（1）使 F 中任一函数依赖的右部仅含有一个属性。F 中的任一函数依赖 X→Y，若 Y 是由多个属性组成的集合，利用分解律分解为右部为单属性的函数依赖，替换 X→Y，得到等价的函数依赖集 G。

（2）消除 G 中各函数依赖左部多余的属性。

（3）在 G 中消除冗余的函数依赖。

【例 2-2】设有关系模式 R（A，B，C，D），其函数依赖集 F＝{A→B，B→C，A→BC，AC→B}，求其最小函数依赖集 G。

解：（1）将 F 中每个函数依赖的右部均变成单属性。则有：

$$F＝\{A→B，B→C，A→C，AC→B\}$$

（2）消除 F 中各函数依赖左部多余的属性。在 AC→B 中，因为 $A^+＝$（ABC），所以 C 是左部多余的属性，需要消除，这样 AC→B 简化为 A→C，则 F＝{A→B，B→C，A→C}。

（3）消除 F 中冗余的函数依赖。因为 A→C 可由 A→B 和 B→C 导出，所以可以去掉 A→C。因此 F 的最小函数依赖集 G＝{A→B，B→C}。

2.4.8 范式

关系模式的范式是关系数据库设计中用于规范化数据库结构的一组原则。

范式旨在消除数据冗余、提高数据完整性和减少数据更新异常。常见的关系模式范式有第一范式（1NF）、第二范式（2NF）、第三范式（3NF）、Boyce-Codd 范式（BCNF）、第四范式（4NF）、第五范式（5NF）。

各范式之间的关系为 1NF⊃2NF⊃3NF⊃BCNF⊃4NF⊃5NF，如图 2-1 所示。

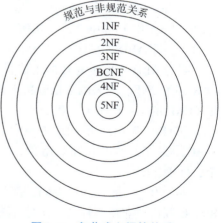

图 2-1 各范式之间的关系

1. 概念

（1）第一范式（1NF）：确保数据库中的每个属性都是不可分割的原子值，即每个属性不能再分解为更小的数据项。这是关系模式最基本的要求。

（2）第二范式（2NF）：在满足 1NF 的基础上，消除非主属性对候选码的部分函数依赖，即每个非主属性必须完全函数依赖关系模式的候选码。

（3）第三范式（3NF）：在满足 2NF 的基础上，消除非主属性对候选码的传递函数依赖，即每个非主属性必须直接函数依赖关系模式的候选码，而不是函数依赖其他非主属性。

（4）Boyce-Codd 范式（BCNF）：修正的第三范式，要求每一个决定属性集都包含候选码。

（5）第四范式（4NF）、第五范式（5NF）属于多值依赖，由于其比较复杂，本书中不做讲解。

2. 范式的判定

判定一个关系模式属于第几范式，分为以下两步。

（1）找出关系模式的候选码，从而得知哪些属性为主属性，哪些为非主属性，这是最重要的一步。

（2）根据各个范式的定义进行判断。

【例 2-3】有关系模式 R（A，B，C，D），求出满足下列函数依赖时 R 的候选码，并判定 R 属于第几范式（1NF、2NF、3NF 或 BCNF）。

（1）F = {B→D，AB→C}。

（2）F = {A→B，A→C，D→A}。

（3）F = {BCD→A，A→C}。

（4）F = {B→C，B→D，C→B，C→A}。

解：（1）F = {B→D，AB→C}，A、B 是 L 类属性，C、D 是 R 类属性，故 A、B 两属性必为 R 的任一候选码的成员，$(AB)^+$ = ABCD，包含 R 的全部属性，所以 AB 是 R 的候选码。

因为 AB 是 R 的候选码，所以 AB→D，而函数依赖集中有 B→D，可以得出非主属性 D 对候选码 AB 是部分函数依赖，因此 R 不满足 2NF 定义，R 属于 1NF。

（2）F = {A→B，A→C，D→A}，D 是 L 类属性，B、C 是 R 类属性，A 是 LR 类属性，$(D)^+$ = ABCD，包含 R 的全部属性，所以 D 是 R 的候选码。

因为 D 是 R 的候选码，且为单属性，不存在非主属性对候选码的部分函数依赖，所以 R 必为 2NF。因为函数依赖集中有 D→A，A→B，可以得出非主属性 B 传递函数依赖候选码 D，所以 R 不满足 3NF 定义，R 属于 2NF。

（3）F = {BCD→A，A→C}，B、D 是 L 类属性。因为 A、C 是 LR 类属性，$(BD)^+$ = BD，$(ABD)^+$ = ABCD，$(BCD)^+$ = ABCD，$(ABD)^+$、$(BCD)^+$ 包含 R 的全部属性，所以 R 的候选码有两个，即 ABD、BCD。

因为 ABD、BCD 是 R 的候选码，A、B、C、D 都为主属性，R 中不存在非主属性，所以 R 必为 3NF。因为函数依赖集中有 A→C，故 R 中含有非候选码的决定因子，所以 R 不满足 BCNF 定义，R 属于 3NF。

（4）F = {B→C，B→D，C→B，C→A}，B、C 是 LR 类属性，A、D 是 R 类属性，因为 B→C，C→B，所以 B 和 C 等价，$(B)^+$ = ABCD，同理 $(C)^+$ = ABCD，所以 R 的候选码有两个，即 B、C。

因为 B、C 是 R 的候选码，都为单属性，不存在非主属性对码的部分函数依赖，又因为 B 和 C 等价，非主属性 A、D 对候选码都是直接函数依赖，不存在传递函数依赖，而且此关系中的决定因子都为候选码，所以 R 属于 BCNF。

第 3 章　数据库设计

能力目标	知识要点	权重
掌握数据库的设计步骤	数据库的设计步骤	40%
E-R 图向关系模型的转换，能够举一反三	E-R 图向关系模型的转换	60%

　　数据库设计是指根据应用的需求，设计数据库的逻辑结构和物理结构，并据此建立数据库及其应用系统，使之能够有效地存储和管理数据，满足用户的应用需求。

　　数据库设计通常包括 6 个阶段，如图 3-1 所示。

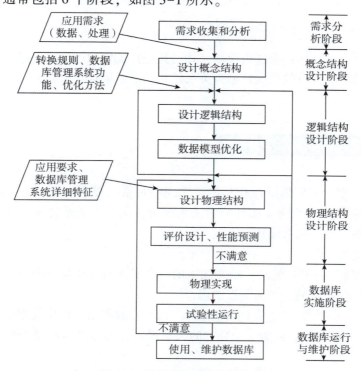

图 3-1　数据库设计的 6 个阶段

3.1　需求分析

需求分析包括：了解用户需求，明确数据库的目标和作用；与利益相关者沟通，确定数据库所需存储的数据类型、数量和逻辑关系。需求分析是数据库设计过程的奠基石，需求分析结果是否准确地表达了用户的实际要求，将直接影响后面几个阶段的设计。

3.2　概念结构设计

将需求分析得到的用户需求抽象为概念模型的过程就是概念结构设计。这个阶段使用 E-R 图将需求中的实体、属性和它们之间的联系进行可视化表示。概念结构设计是整个数据库设计过程中的关键。

3.3　逻辑结构设计

根据概念模型，将其转化为逻辑模型，并对其进行优化的过程就是逻辑结构设计。目前大多数数据库管理系统支持的数据模型为关系模型，下面重点介绍如何将概念模型转化为关系模型。

3.3.1　E-R 图向关系模型的转换

E-R 图由实体型、实体的属性和实体型之间的联系三要素组成，关系模型的逻辑结构是一组关系模式的集合。将 E-R 图转换为关系模型，实际上就是将实体型、实体的属性和实体型之间的联系转换为关系模式。

一般的转换规则如下。

（1）将实体型转换为关系模式。E-R 图中的一个实体型转换为一个关系模式，实体的属性作为关系的属性，实体的码作为关系的码。

（2）转换联系。E-R 图中存在 $1:1$、$1:n$、$m:n$ 的联系，转换规则如下。

1）一个 $1:1$ 联系可以转换为一个独立的关系模式，也可以与任意一端对应的关系模式合并。

①独立模式：该关系的属性为与该联系相连的各实体的码以及联系本身的属性，每个实体的码均是该关系的候选码。

②合并模式：与某一端实体对应的关系模式合并，合并后关系的属性中加入了对应关系

的码和联系本身的属性，合并后关系的码不变。

为了减少系统中的关系个数，一般情况下更倾向于采用合并模式。

2）一个 1∶n 联系可以转换为一个独立的关系模式，也可以与 n 端对应的关系模式合并。

①独立模式：该关系的属性为与该联系相连的各实体的码以及联系本身的属性，n 端实体的码作为该关系的候选码。

②合并模式：与 n 端对应的关系模式合并，合并后关系的属性中加入了 1 端关系的码和联系本身的属性，合并后关系的码不变。

为了减少系统中的关系个数，一般情况下更倾向于采用合并模式。

3）一个 m∶n 联系只能转换为一个独立的关系模式，该关系的属性为与该联系相连的各实体的码以及联系本身的属性，各实体码的组合作为该关系的候选码。

4）3 个或 3 个以上实体间的一个多元联系只能转换为一个独立的关系模式，该关系的属性为与该联系相连的各实体的码以及联系本身的属性，各实体码的组合作为该关系的候选码。

例如，将第 1 章图 1-10 的商店 E-R 图转换为以下关系模式：

商店（商店编号，名称，地址，经理编号）

经理（经理编号，姓名，性别）

职工（职工工号，姓名，性别，商店编号）

顾客（顾客编号，姓名，性别）

消费（商店编号，顾客编号，消费日期，消费金额）

3.3.2　数据模型的优化

数据库逻辑结构设计的结果可能并不唯一，得到初步数据模型后，还应该适当地修改、调整数据模型的结构，以进一步提高数据库应用系统的性能，这就是数据模型的优化。

关系数据模型的优化通常以规范化理论为指导，按照需求分析阶段得到的各种应用对数据处理的要求，分析转换后的关系模式是否合适，确定是否要对它们进行合并或分解。

并不是规范化程度越高的关系就越优。例如，当查询经常涉及两个或多个关系模式的属性时，系统必须经常地进行连接运算，连接运算的代价是相当高的，在这种情况下，第二范式甚至第一范式也许是适合的。

📓 3.4　物理结构设计

将规范化的逻辑模型转化为数据库管理系统所能理解和操作的物理结构的过程就是物理结构设计。这包括确定数据的存放位置和存储结构（如确定关系、索引、聚簇、日志、备份等的存储安排和存储结构，确定系统配置等），对数据库进行性能优化（如创建索引、优化查询语句等）。

3.5　数据库实施

在数据库实施阶段，设计人员要建立数据库，组织数据入库，同时还要调试应用程序，并进行试运行。

3.6　数据库运行与维护

在数据库运行与维护阶段，数据库管理员要负责对数据库的维护工作，包括：数据库的转储和恢复，数据库的安全性、完整性控制，数据库性能的监督、分析和改进，数据库的重组织与重构造等。

第4章 数据库恢复技术

学习目标

能力目标	知识要点	权重
掌握事务的概念以及 ACID 准则	1. 事务的概念 2. 事物的特征	30%
理解事务内部故障、系统故障、介质故障以及它们的区别	1. 事务内部故障 2. 系统故障 3. 介质故障	30%
掌握如何进行数据备份（静态备份、动态备份）、如何利用日志文件恢复故障，理解故障转移、数据库镜像	1. 数据备份的定义与分类 2. 利用日志文件进行数据库恢复的步骤 3. 故障转移 4. 数据库镜像	40%

数据库恢复机制和并发控制机制是数据库管理系统的重要组成部分。本章讨论数据库恢复的概念和常用的技术。

4.1 事务

4.1.1 事务的基本概念

数据库中的事务是指一组数据库操作，这些操作要么全部成功执行，要么全部回滚，是一个不可分割的工作单位。

在数据库中，有两种定义事务的方式：一种是显式定义，另一种是隐式定义。

1. 显式定义

显式定义使用 BEGIN TRANSACTION、COMMIT 和 ROLLBACK 语句。

（1）使用 BEGIN TRANSACTION 语句开始一个新的事务。

（2）在事务中执行一系列的 SQL 语句，这些语句将作为一个原子操作进行处理。

（3）如果所有操作都成功完成，使用 COMMIT 语句提交事务，使其永久生效。

（4）如果在事务执行期间发生错误或需要撤销事务，可以使用 ROLLBACK 语句回滚事务，撤销之前的所有修改。

2. 隐式定义

隐式定义也叫自动提交模式。

（1）默认情况下，SQL Server 处于自动提交模式，即每个 SQL 语句都会自动成为一个单独的事务，并自动提交。

（2）如果要禁用自动提交模式，可以使用 SET IMPLICIT_TRANSACTIONS ON 语句。此时，每个 SQL 语句需要手动使用 COMMIT 或 ROLLBACK 语句提交或回滚事务。

下面是一个示例，展示了如何在 SQL Server 中定义事务：

```
BEGIN TRANSACTION; /* 开始事务*/
/* 执行一系列的 SQL 语句*/
INSERT INTO Customers (CustomerID, CustomerName) VALUES ('001', 'John' );
UPDATE Orders SET OrderStatus = 'Shipped' WHERE OrderID = 1001;


if @@ERROR <> 0              /* 如果在事务执行期间发生错误*/
begin
    ROLLBACK;                /* 回滚事务*/
end
ELSE
begin
    COMMIT;                  /* 提交事务*/
end
```

在上述示例中，使用 BEGIN TRANSACTION 语句开始了一个新的事务，然后执行了两个 SQL 语句。若在执行期间发生错误（通过检查 @@ERROR 变量），则使用 ROLLBACK 语句回滚事务；否则，使用 COMMIT 语句提交事务。

请注意，在默认的自动提交模式下，每个 SQL 语句都会成为一个独立的事务，并自动提交。如果想要将多条 SQL 语句作为一个原子操作进行处理，需要显式地使用 BEGIN TRANSACTION、COMMIT 和 ROLLBACK 语句来定义事务边界。

4.1.2 事务的特征

事务的特征也称为事务的 ACID 准则，具体如下。

（1）原子性（Atomicity）。事务是原子的，是不可分割的操作单位。事务中的所有操作要么全部执行成功，要么全部回滚，没有中间状态。

（2）一致性（Consistency）。事务执行前后，数据库的状态应该保持一致。事务开始时的状态是合法的，并且在事务结束后应该满足既定的一致性规则。

（3）隔离性（Isolation）。每个事务都应该与其他事务隔离开来，互相不干扰。并发执行的多个事务应该像顺序执行一样产生正确结果。

（4）持久性（Durability）。一旦事务提交成功，其结果应该永久保存在数据库中。即使系统发生故障或重启，事务的结果也不应该丢失。

通过使用事务，可以确保数据库操作的原子性和一致性，防止数据的损坏或不一致。例如，在银行转账操作中，如果转账和更新账户余额两个操作没有同时成功执行，可能会导致金额错误或数据丢失。使用事务可以将这两个操作作为一个事务进行管理，要么同时成功，要么回滚到起始状态，保证了数据的完整性。

4.2 故障的种类

事务内部故障、系统故障和介质故障是数据库中较常出现的故障类型。

4.2.1 事务内部故障

事务内部故障是指在一个事务中发生的错误或异常，导致事务无法继续执行或无法提交。这可能包括代码逻辑错误、违反数据完整性约束、死锁等情况。当事务内部故障发生时，数据库管理系统通常会回滚该事务，将数据库恢复到事务开始之前的状态。

4.2.2 系统故障

系统故障是指数据库管理系统本身或相关硬件和软件组件发生错误或故障，导致数据库无法正常工作。这可能包括数据库服务器崩溃、网络故障、操作系统错误等。系统故障可能导致数据库无法响应请求，但不会破坏数据库。为了应对系统故障，系统重新启动时，对于所有非正常终止的事务，恢复程序强行撤消；对于已完成的事务，可能有一部分甚至全部留在缓冲区，尚未写回到磁盘上的物理数据库中，恢复程序需要重做。

4.2.3 介质故障

介质故障是指存储介质（例如硬盘、磁带等）发生错误或损坏，导致数据无法读取或写入。这可能包括磁盘故障、数据丢失、数据损坏等情况。为了预防介质故障带来的数据丢失，可以使用冗余存储和备份策略，将数据复制到不同的存储介质或地理位置上，以提高数据的可靠性和恢复能力。

4.3 数据库的恢复技术

数据库的恢复技术包括数据备份、登记日志文件、故障转移、数据库镜像等。

4.3.1 数据备份

数据备份也叫数据转储，备份可分为静态备份和动态备份。

静态备份是在数据库未运行时对数据库进行备份，通常需要停机维护，具有较长的恢复时间。其优点是实现简单。缺点是降低了数据库的可用性，备份必须等待正运行的用户事务结束，新的事务必须等待转储结束。

动态备份是在数据库正常运行时进行备份，备份操作与用户事务并发进行，转储期间允许对数据库进行存取或修改。其优点是备份操作与用户事务并发进行；缺点是不能保证副本中的数据正确有效，例如，在转储期间的某时刻 T_m，系统把数据 A=100 转储到磁盘上，而在下一时刻 T_n，某一事务将 A 改为 200，后备副本上的 A 已经不正确了。

为克服这一缺点，需要把动态转储期间各事务对数据库的修改活动登记下来，建立日志文件，后备副本加上日志文件就能把数据库恢复到某一时刻的正确状态。

静态备份适用于小型数据库，而动态备份适用于大型数据库。

4.3.2 登记日志文件

日志文件是用来记录事务对数据库的更新操作的文件。

登记日志文件是数据库恢复技术中的一项重要步骤。数据库管理系统通过记录操作日志，可以跟踪和记录对数据库的所有变更操作，为数据库恢复提供必要的信息。

在数据库中，通常有以下两种类型的日志文件。

(1)事务日志(Transaction Log)：用于记录数据库中每个事务的操作，包括开始、提交或回滚等。事务日志是数据库恢复的核心，因为它记录了对数据库进行的所有修改操作。通过事务日志，可以实现对未提交事务的回滚，也可以通过回放事务日志来恢复已提交事务的状态。

(2)错误日志(Error Log)：用于记录数据库管理系统发生的错误、警告和异常事件。错误日志对于故障排除和问题诊断非常有用，在数据库恢复过程中，可以参考错误日志来确定故障的原因，并采取相应的修复措施。

数据库管理系统会定期将操作日志写入日志文件中，以确保数据持久性和一致性。在数据库发生故障时，可以利用这些日志文件进行数据库的恢复，具体步骤如下。

(1)检查日志文件。检查日志文件的完整性和一致性，确保日志文件没有损坏或丢失。

(2)分析日志文件。通过分析日志文件，可以确定数据库发生故障的时间点、未提交的事务和已提交的事务等信息。

（3）回滚未提交事务。根据日志文件中记录的未提交事务信息，将这些事务进行回滚，恢复数据库到故障之前的状态。

（4）重做已提交事务。根据日志文件中记录的已提交事务信息，将这些事务进行重做，将对数据库的修改重新应用，以确保数据的一致性。

（5）数据库完整性检查。在完成日志恢复后，对数据库进行完整性检查，确保数据库的数据和结构没有损坏或不一致的问题。

4.3.3 故障转移

故障转移是指将数据库从一个服务器切换到另一个备用服务器，以实现高可用性和无间断的数据库访问。当主服务器发生故障时，备用服务器会接管主服务器的工作，并提供服务，从而实现数据库的快速恢复。

以下是故障转移的一般步骤。

（1）备用服务器准备。在故障转移之前，需要事先准备一个备用服务器。备用服务器应具备足够的硬件资源和数据库软件配置，以及与主服务器相同或相似的操作系统和数据库版本。

（2）监测主服务器状态。通过监测主服务器的状态，可以实时检测到主服务器的故障。常用的监测方法包括心跳检测、网络连接检测等。

（3）故障检测与切换。一旦监测到主服务器出现故障，备用服务器就会接管主服务器的工作。这通常涉及自动或手动触发故障检测，并将客户端的请求从主服务器切换到备用服务器。

（4）数据库同步与恢复。在故障转移后，备用服务器需要与主服务器保持数据同步。这可以通过数据库镜像、事务日志重放等方法来实现。确保备用服务器上的数据库与主服务器的数据库保持一致，以防止数据丢失。

（5）客户端重定向。一旦故障转移完成，客户端需要重新定向到备用服务器。这可以通过负载均衡器、DNS重定向或应用程序配置更改等方式来实现。

4.3.4 数据库镜像

数据库镜像是指将数据库的完整副本复制到另一台服务器上，实时保持两个数据库的同步，如图4-1所示。当主数据库发生故障时，可以立即切换到镜像数据库，使系统能够快速恢复并提供连续的服务。

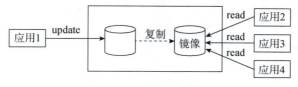

图4-1 数据库镜像

以下是数据库镜像的一般过程。

（1）配置主数据库和镜像数据库。配置主数据库和镜像数据库的环境。主数据库是应用程序正常运行的数据库，而镜像数据库则作为备份，在主数据库发生故障时接管其工作。

（2）设置数据库镜像。在主数据库和镜像数据库之间建立数据库镜像的连接。这通常需要指定镜像数据库的位置、连接字符串、安全性选项等信息。

（3）启动数据库镜像。将主数据库的事务日志传输到镜像数据库。这个过程可以通过网络进行，确保主数据库和镜像数据库之间的数据同步。

（4）监控数据库镜像状态。定期监控数据库镜像的状态，包括主数据库和镜像数据库的连接状态、同步进度等。这样可以实时检测主数据库的健康状况，并及时做出相应的故障切换操作。

（5）故障切换。当主数据库发生故障时，可以手动或自动触发故障切换操作，将数据库访问切换到镜像数据库上。这样可以快速恢复数据库的可用性，减少系统停机时间。

第5章 数据库并发控制

能力目标	知识要点	权重
掌握进行何种并发操作可能带来什么问题	1. 丢失修改 2. 不可重复读 3. 污读	30%
掌握排他锁与共享锁的特点及其在不同的封锁协议中如何使用 理解每一级封锁协议能够解决什么样的问题	1. 封锁类型 2. 封锁协议	30%
理解封锁可能会带来两个问题：活锁与死锁 掌握死锁的产生条件、如何诊断和解除	1. 活锁与死锁 2. 死锁的产生条件 3. 死锁的诊断与解除	40%

数据库并发控制是指在多个用户或多个应用程序同时访问数据库时，数据库管理系统如何处理和控制这些并发操作的一种机制。

5.1 并发操作可能带来的问题

在数据库中，多个并发事务可以同时进行读取和修改操作，这可能导致以下 3 种问题。

1. 丢失修改

两个事务 T_1 和 T_2 读入同一数据并修改，T_2 的提交结果覆盖了 T_1 提交的结果，导致 T_1 的修改被丢失，如图 5-1(a) 所示。

2. 不可重复读

事务 T_1 读取数据后，事务 T_2 对该数据执行了更新操作，当事务 T_1 再次读取数据进行验证时，无法得到前一次读取结果，如图 5-1(b)所示。

3. 污读

事务 T_1 修改某一数据，并将其写回磁盘，事务 T_2 读取更新后的这一数据，事务 T_1 由于某种原因被撤销，T_1 已修改过的数据恢复原值，T_2 读到的数据就与数据库中的数据不一致，T_2 读到的数据就是一个错误的数据，如图 5-1(c)所示。

T_1	T_2
①R(A)=16	
②	R(A)=16
③A←A-1 W(A)=15	
④	A←A-1 W(A)=15

(a)

T_1	T_2
①R(A)=50	
R(B)=100	
求和=150	
②	R(B)=100
	B←B*2
	W(B)=200
③R(A)=50	
R(B)=200	
和=250	
（验算不对）	

(b)

T_1	T_2
①R(C)=100	
C←C*2	
W(C)=200	
②	R(C)=200
③ROLLBACK	
C恢复为100	

(c)

图 5-1　并发操作带来的 3 种问题
(a)丢失修改；(b)不可重复读；(c)污读

📓 5.2　封锁

在数据库中，并发有可能引起丢失修改、不可重复读、污读这些问题，所以必须对事务并发进行控制。并发控制的一个重要机制是封锁(Locking)。封锁是一种确保数据一致性和并发操作正确性的技术，它可以控制事务对共享资源的访问。

封锁的基本思想是：在事务对数据进行读取或修改之前，先获取某种类型的锁，并在事务结束后释放锁。通过封锁机制，可以防止多个事务对同一数据项进行并发修改，从而避免数据混乱和冲突。

5.2.1　封锁类型

常见的封锁类型有排他锁(Exclusive Lock，X 锁)和共享锁(Shared Lock，S 锁)。

排他锁又称为写锁，其主要思想是禁止并发操作。当事务 T 对数据对象 A 加上 X 锁时，则只允许 T 访问和修改 A，其他任何事务都不能再对 A 加任何类型的锁，直到 T 释放 A 上的锁，保证其他事务在 T 释放 A 上的锁之前不能再访问和修改 A。

共享锁又称为读锁，其主要思想是允许其他事务同时访问同一数据对象，但不能修改这一数据对象。当事务 T 对某个数据对象加上 S 锁时，则其他事务只能再对此数据对象加 S 锁，而不能加 X 锁，直到 T 释放 A 上的 S 锁，保证其他事务可以访问 A，但在 T 释放 A 上的 S 锁之前不能对 A 做任何修改。

5.2.2　封锁协议

对数据对象进行封锁时，需要约定一些规则，如何时申请 X 锁或 S 锁，封锁多长时间，何时释放等，这些规则称为封锁协议。

对封锁方式规定不同的规则，就形成了各种不同的封锁协议，在不同的程度上保证并发操作的正确调度。并发操作所带来的丢失修改、不可重复读、污读等问题，利用不同的封锁协议都能够解决。

1. 一级封锁协议

事务 T 在修改数据对象 R 之前必须先对其加 X 锁，直到事务结束才释放。也就是说，任何事务要修改数据对象 R，都必须先对 R 加 X 锁，如果未获得 X 锁，那么该事务只能等待，直到获得 X 锁。

一级封锁协议可防止丢失修改，并保证事务 T 是可恢复的，如图 5-2 所示。

T_1	T_2
①R(A)=16	
②	R(A)=16
③A←A-1 W(A)=15	
④	A←A-1 W(A)=15

T_1	T_2
①Xlock A	
②R(A)=16	
	Xlock A
	等待
③A←A-1	等待
W(A)=15	等待
COMMIT	等待
Unlock A	等待
	获得Xlock A
	W(A)=15
	A←A-1
	W(A)=14
	COMMIT
	Unlock A

图 5-2　一级封锁协议（可防止丢失修改）

在一级封锁协议中，因为事务只是读取数据，是不需要加锁的，所以它不能防止不可重复读和污读。如图 5-3 和图 5-4 所示。

T_1	T_2
①R(A)=50	
R(B)=100	
求和=150	
②	R(B)=100
	B←B*2
	W(B)=200
③R(A)=50	
R(B)=200	
和=250	
（验算不对）	

T_1	T_2
①R(A)=50	
R(B)=100	
求和=150	
②	Xlock B
	R(B)=100
	B←B*2
	W(B)=200
	COMMIT
	Unlock B
③R(A)=50	
R(B)=200	
和=250	
（验算不对）	

图 5-3　一级封锁协议（不能防止不可重复读）

T_1	T_2
①R(C)=100	
C←C*2	
W(C)=200	
②	R(C)=200
③ROLLBACK	
C恢复为100	

T_1	T_2
①Xlock C	
R(C)=100	
C←C*2	
W(C)=200	
②	R(C)=200
③ROLLBACK	
C恢复为100	
Unlock C	

图 5-4　一级封锁协议（不能防止污读）

2. 二级封锁协议

在一级封锁协议上，增加事务 T 在读取数据对象 R 之前必须先对其加 S 锁，读完后即可释放 S 锁。

二级封锁协议可以防止修改丢失和污读，如图 5-5 所示。

在二级封锁协议中，因为读完数据后即可释放 S 锁，所以它不能防止不可重复读，如图 5-6 所示。

3. 三级封锁协议

在一级封锁协议的基础上，增加事务 T 在读取数据 R 之前必须先对其加 S 锁，直到事务结束才释放。

三级封锁协议可防止丢失修改、不可重复读和污读，如图 5-7 所示。

T₁	T₂
①R(C)=100	
C←C*2	
W(C)=200	
②	R(C)=200
③ROLLBACK	
C恢复为100	

T₁	T₂
①Xlock C	
R(C)=100	
C←C*2	
W(C)=200	
②	Slock C
③ROLLBACK	等待
C恢复为100	等待
Unlock C	等待
	获得Slock C
	R(C)=100
	Unlock C

图 5-5　二级封锁协议 (防止丢失修改和污读)

T₁	T₂
①R(A)=50	
R(B)=100	
求和=150	
②	R(B)=100
	B←B*2
	W(B)=200
③R(A)=50	
R(B)=200	
和=250	
(验算不对)	

T₁	T₂
Slock A	
R(A)=50	
Unlock A	
R(B)=100	
求和=150	
②	Xlock B
	R(B)=100
	B←B*2
	W(B)=200
	COMMIT
	Unlock B
Slock A	
R(A)=50	
Unlock A	
Slock B	
R(B)=200	
Unlock B	
求和=250	
(验算不对)	

图 5-6　二级封锁协议 (不能防止不可重复读)

T₁	T₂
①R(A)=50	
R(B)=100	
求和=150	
②	R(B)=100
	B←B*2
	W(B)=200
③R(A)=50	
R(B)=200	
和=250	
（验算不对）	

T₁	T₂
Slock A	
R(A)=50	
Slock B	
R(B)=100	
求和=150	
②	Xlock B
R(A)=50	等待
R(B)=100	等待
求和=150	等待
（验算正确）	等待
Unlock A	等待
Unlock B	等待
	R(B)=100
	B←B*2
	W(B)=200
	COMMIT
	Unlock B

图 5-7 三级封锁协议（防止丢失修改不可重复读和污读）

4. 两段锁协议

两段锁协议（Two-Phase Locking Protocol，2PL）是一种常见的并发控制协议。两段锁协议包括以下两个阶段。

（1）增加锁阶段（Growing Phase）：也称为锁的扩展阶段，在这个阶段，事务可以请求对数据对象加锁（读锁或写锁），但不能释放锁。

（2）释放锁阶段（Shrinking Phase）：也称为锁的收缩阶段，在这个阶段，事务只能释放已经获取的锁，但不能再申请锁。

在两段锁协议中，事务需要按照特定的顺序获取和释放锁，从而避免了数据访问冲突和数据不一致的情况。这样可以确保事务执行的结果是可序列化的，即与事务的执行顺序无关。

例如，事务 T_i 遵守两段锁协议，其封锁序列如下：

Slock A　　Slock B　　Xlock C　　Unlock B　　Unlock A　　Unlock C
| ←　　扩展阶段　　　→ | | ←　　　收缩阶段　　　→ |

事务 T_j 不遵守两段锁协议，其封锁序列如下：

Slock A　　Unlock A　　Slock B　　Xlock C　　Unlock C　　Unlock B

📓 5.3　活锁与死锁

并发产生的数据不一致问题可以通过封锁解决，但封锁有可能会引起两个问题：活锁和死锁。

5.3.1　活锁

当某个事务请求对某一数据进行排他性封锁时，由于其他事务对该数据的操作而使这个事务处于永久等待状态，这种状态称为活锁（Livelock），如图 5-8 所示。

T_1	T_2	T_3	T_4
Lock R			
	Lock R		
	等待	Lock R	
Unlock	等待		Lock R
	等待	Lock R	等待
	等待		等待
	等待	Unlock	等待
	等待		Lock R
	等待		

图 5-8　活锁

我们可以采用"先来先服务"的策略避免活锁，即当多个事务请求封锁同一数据对象时，按请求封锁的先后次序对这些事务排队，该数据对象上的锁一旦释放，首先批准申请队列中的第一个事务获得锁。

5.3.2　死锁

死锁（Deadlock）是指在同时处于等待状态的两个或多个事务中，其中的每一个在它能够进行之前都等待着某个数据，而这个数据已被它们中的某个事务所封锁，如图 5-9 所示。

要产生死锁，应具备以下 4 个必要条件。

（1）互斥条件（Mutual Exclusion）：一个数据对象一次只能被一个事务所使用，即对数据采用排他式封锁。

（2）部分分配条件（Hold and Wait）：一个事务封锁了一部分数据对象，但仍然要求封锁其他数据对象。

（3）不可剥夺条件（No Preemption）：一个数据对象只能被占有它的事务所释放，而不能被别的事务强行抢占。

T_1	T_2
Lock R1	
	Lock R2
Lock R2	
等待	
等待	Lock R1
等待	等待
等待	等待
...	...

图 5-9 死锁

（4）循环等待条件（Circular Wait）：各个事务处于加锁请求相互等待的状态。

5.3.3 死锁的诊断与解除

目前，数据库中解决死锁主要有两类方法，一类是死锁的预防，另一类是死锁的诊断与解除，即允许发生死锁。采取一定的措施能够及时发现死锁，并解除死锁。在实际中，死锁的预防很难做到。例如，两段锁协议就是一个死锁预防的特例，但它并不能保证不发生死锁。因此，更多情况下采用死锁的诊断与解除。

1. 死锁的诊断

我们可以通过构建等待图来检测系统是否处于死锁状态，等待图反映了所有事务的等待情况。下面是使用等待图法进行死锁诊断的一般过程。

（1）构建等待图。将每个运行的事务作为图中的一个节点，如果一个事务正在等待另一个事务，就在相应的节点之间添加一条有向边，这样就形成了一个等待图。

（2）检测环路。在构建好的等待图上进行环路检测，如果存在一个环路，表示系统中出现了死锁。

例如，事务 T_1 等待 T_2，T_2 等待 T_1，等待图出现了环路，这样就产生了死锁，如图 5-10 所示。

图 5-10 等待图产生死锁

2. 死锁的解除

选择一个处理死锁代价最小的事务，将其撤销，释放此事务持有的所有锁，使其他事务得以继续运行下去。

第二部分　实用技术

本部分主要介绍在关系数据库管理系统 SQL Server 2019 环境下，如何运用 SQL 语句实现数据定义、数据查询、数据更新，以及数据库的安全性、完整性、备份还原等。本部分的内容涉及各类信息系统后台数据库的主要操作，也是衡量各类信息系统好坏的标志。

本部分以用户数据库——"学生成绩数据库"为例，在此数据库中包含以下 3 个基表，分别如表 1~表 3 所示。

- 学生表：表名为 Student(包括学号 sno，姓名 sname，性别 ssex，出生日期 sbirth，院系 sdept)。
- 课程表：表名为 Course(包括课程号 cno，课程名 cname，先修课程号 cpno，开课学期 cterm，学分 credit)。
- 成绩表：表名为 SC(包括学号 sno，课程号 cno，成绩 score)。

表 1   学生表

sno	sname	ssex	sbirth	sdept
20210101	曹羽凡	男	2003-08-11	软件学院
20210201	李甜悦	女	2002-10-07	电建学院
20210811	陈泰山	男	2004-05-12	软件学院
20211010	王小昆	男	2002-08-28	数学学院
20212805	肖美荣	女	2001-12-26	外语学院

表 2   课程表

cno	cname	cpno	cterm	credit
1	高等数学		1	4
2	程序设计基础		1	2
3	数据结构	2	2	3
4	数据库系统	3	4	4
5	操作系统	2	5	4
6	JAVA 语言	2	5	3
7	信息安全	5	6	4
1111	LU_汉语言		1	4

表 3   成绩表

sno	cno	score
20210101	2	92
20210201	1	88
20210101	5	80
20211010	1	90
20210101	3	78
20212805	1111	

第6章 数据库定义与操作

学习目标

能力目标	知识要点	权重
理解与掌握数据库 DDL，能够熟练运用 SQL 语句创建、修改、删除数据库	1. SQL Server 中的数据库 2. 创建、修改、删除数据库	2%
能够创建数据表，熟练掌握数据表的管理	1. 创建数据表（包括建表时定义的完整性约束） 2. 修改数据表 3. 删除数据表	10%
掌握并能够灵活运用数据查询语句对数据库进行各种查询，能够举一反三	1. 单表查询 2. 连接查询 3. 嵌套查询 4. 集合查询 5. 其他查询	70%
掌握并能够灵活运用数据更新语句对数据进行各种更新操作，能够举一反三	1. 插入 2. 删除 3. 修改	8%
掌握并能够熟练运用 SQL 语句创建视图、修改视图、删除视图，并能使用所创建的视图实现数据管理。理解可更新视图与不可更新视图的区别，掌握试图与基表的区别	1. 视图与基表的区别 2. 创建、修改、删除视图 3. 查询视图 4. 更新视图	8%
掌握并能够熟练运用 SQL 语句创建索引、删除索引，掌握索引的特点与作用	1. 索引的特点 2. 索引的类型 3. 创建索引、删除索引	2%

6.1 数据库定义

本节介绍如何创建、修改、删除数据库和数据表。

6.1.1 创建数据库

创建数据库的 SQL 命令格式如下：

```
CREATE DATABASE <数据库名称>
[ON
[FILEGROUP 文件组名称]
(NAME=数据文件逻辑名称,
    FILENAME=路径+数据文件名, SIZE=数据文件初始大小,
    MAXSIZE=数据文件最大容量,
    FILEGROWTH=数据文件自动增长容量)]
[LOG ON
(NAME=日志文件逻辑名称,
    FILENAME=路径+日志文件名, SIZE=日志文件初始大小,
    MAXSIZE=日志文件最大容量,
    FILEGROWTH=日志文件自动增长容量)]
[COLLATE 数据库校验方式名称]
[FOR ATTACH]
```

其中：

（1）用［　］括起来的语句表示可选可不选。例如，创建数据库可以只用第一条语句"CRE-ATE DATABASE 数据库名称"，数据库管理系统将会按照默认的"逻辑名称""文件组""初始大小""自动增长""路径"等属性创建数据库。

（2）FILEGROWTH 语句可以是具体的容量，也可以无增长容量限制。

（3）"数据库校验方式名称"既可以是 Windows 身份验证的名称，也可以是 SQL 身份验证名称。

（4）FOR ATTACH 表示将已经存在的数据库文件附加到新的数据库中。

（5）用（　）括起来的语句，除了最后一行命令之外，其余的命令都用逗号作为分隔符。

【例 6-1】创建一个学生成绩数据库 SMS。

解：方法 1，指定"逻辑名称""文件组""初始大小""自动增长""路径"等属性创建数据库。

例如，指定数据文件的逻辑名称为"成绩管理"，数据文件存放在"D：\ 数据库原理及应用教程"下，文件名为"成绩管理.mdf"，数据文件的初始存储空间大小为 8 MB，最大存储空间为无限，存储空间自动增长量为 64 MB；日志文件的逻辑名称为"成绩管理_ log"，日志文件存放在"D：\ 数据库原理及应用教程"下，文件名为"成绩管理_ log.ldf"，初始存储

空间大小为 8 MB，最大存储空间为 2 048 GB，存储空间自动增长量为 64 MB，数据库校验方式为数据库连接的默认验证方式。命令格式如下：

```
CREATE DATABASE SMS
CONTAINMENT = NONE
ON   PRIMARY
( NAME = '成绩管理', FILENAME = 'D:\数据库原理及应用教程\成绩管理.mdf' , SIZE = 8MB,
MAXSIZE = UNLIMITED, FILEGROWTH = 64MB )
LOG ON
( NAME = '成绩管理_log', FILENAME = 'D:\数据库原理及应用教程\成绩管理_log.ldf', SIZE =
8MB , MAXSIZE = 2048GB , FILEGROWTH = 64MB )
WITH CATALOG_COLLATION = DATABASE_DEFAULT
```

方法 2，按照默认的"逻辑名称""文件组""初始大小""自动增长""路径"等属性创建数据库。命令格式如下：

```
CREATE DATABASE SMS
```

6.1.2 修改数据库

可以使用 ALTER DATABASE 语句修改数据库。修改数据库的 SQL 命令格式如下：

```
ALTER DATABASE 数据库名称
ADD FILE(文件格式)[,…n]
[ TO FILEGROUP 文件组名]
|ADD LOG FILE(文件格式)[,…n]
|REMOVE FILE 文件逻辑名称
|MODIFY FILE(文件格式)
{ADD FILEGROUP 文件组名
|REMOVE FILEGROUP 文件组名
|MODIFY FILEGROUP 文件组名
{ READ_ONLY|READ_WRITE,
| DEFAULT,
     | NAME = 新文件组名}
}
```

其中：

(1)"文件格式"的命令格式如下：

```
( NAME = 文件逻辑名称
     [ , NEWNAME = 新文件逻辑名称]
     [ , SIZE = 初始文件大小]
     [ , MAXSIZE = 文件最大容量]
     [ , FILEGROWTH = 文件自动增长容量]
)
```

(2) ADD FILE：向数据库中添加数据文件。

(3) ADD LOG FILE：向数据库中添加日志文件。

(4) REMOVE FILE：从数据库中删除逻辑文件，并删除物理文件。若文件不为空，则无法删除。

(5) MODIFY FILE：指定要修改的文件。

(6) ADD FILEGROUP：向数据库中添加文件组。

(7) REMOVE FILEGROUP：从数据库中删除文件组。若文件组非空，则无法将其删除，需要先从文件组中删除所有文件。

(8) MODIFY FILEGROUP：修改文件组名称、设置文件组的只读（READ_ONLY）或读写（READ_WRITE）属性、指定文件组为默认文件组（DEFAULT）。

(9) ALTER DATABASE 命令可以在数据库中添加或删除文件和文件组、更改数据库属性或其文件和文件组、更改数据库排序规则和设置数据库选项。

【例6-2】修改数据库 SMS，添加一个次要数据文件，逻辑名称为"新成绩管理"，存放在"D：\数据库原理及应用教程"下，文件名为"新成绩管理.ndf"。数据文件的初始大小为100 MB，最大容量为200 MB，文件自动增长容量为10 MB。命令如下：

```
ALTER DATABASE SMS
ADD FILE(
        NAME=新成绩管理,
        FILENAME=' D:\数据库原理及应用教程\新成绩管理.ndf',
        SIZE=100,
        MAXSIZE=200,
        FILEGROWTH=10)
```

6.1.3　删除数据库

可以使用 DROP DATABASE 语句删除数据库。删除数据库的 SQL 命令格式如下：

```
DROP DATABASE 数据库名称
```

应特别注意的是，如果正在使用数据库，删除该数据库前，需要先关闭数据库的连接。

【例6-3】删除成绩管理数据库 SMS。命令如下：

```
DROP DATABASE SMS
```

6.1.4　创建数据表

1. 创建数据表的 SQL 命令格式

命令格式如下：

```
CREATE TABLE<表名>
    (<列名> <数据类型>[ <列级完整性约束> ]
```

> [,<列名> <数据类型>[<列级完整性约束>]]
> …
> [,<表级完整性约束>]);

其中：

（1）表名为所要创建的基表的名字。

（2）列名为组成该表的各个属性列。

（3）列级完整性约束为相应属性列的完整性约束条件。

（4）表级完整性约束为一个属性或复合属性列（多个属性的组合）的完整性约束条件，若完整性约束条件涉及该表的复合属性列，则必须定义在表级上，单个属性既可以定义在列级上也可以定义在表级上。

2. 完整性约束的基本语法

命令格式如下：

> ［CONSTRAINT <约束名>］<约束类型>

其中：

（1）CONSTRAINT <约束名>属于可选项，可写可不写。

（2）约束类型常用的有 NULL/NOT NULL、UNIQUE、CHECK、PRIMARY KEY、FOREIGN KEY。

1）NULL/NOT NULL 约束用于判断是否允许属性列取空值，NULL 表示允许，NOT NULL 表示不允许。若某属性列不允许为空值，则需要进行 NOT NULL 约束，如果不写，默认为 NULL。

2）UNIQUE 约束（唯一性约束）用于要求基表在某一列或多个列的组合上的取值必须唯一。在建立 UNIQUE 约束时，需要考虑以下几个因素。

①使用 UNIQUE 约束的字段允许为 NULL 值。

②一个表中可以允许有多个 UNIQUE 约束。

③可以把 UNIQUE 约束定义在多个字段上。

④UNIQUE 约束用于强制在指定字段上创建一个 UNIQUE 索引，默认为非聚集索引。

3）CHECK 约束用于检查字段值所允许的范围。在建立 CHECK 约束时，需要考虑以下几个因素。

①一个表中可以定义多个 CHECK 约束。

②一个属性列只能定义一个 CHECK 约束。

③在多个属性组合上定义的 CHECK 约束必须为表约束。其命令格式如下：

> ［CONSTRAINT <约束名>］CHECK (<条件>)

4）PRIMARY KEY 约束（实体完整性约束）用于定义基表的主码，要求其取值非空唯一。若主码是多个属性的组合，则约束只能定义在表级，命令格式如下：

> ［CONSTRAINT <约束名>］PRIMARY KEY (<列名>[{,<列名>}])

5)FOREIGN KEY 约束(参照完整性约束)用于定义参照关系中的外码, 其命令格式如下：

[CONSTRAINT<约束名>] FOREIGN KEY REFERENCES <主表名>(<列名>[{,<列名>}])

【例 6-4】在数据库 SMS 中创建学生表(Student)、课程表(Course)、成绩表(SC)。
创建学生表(Student), 命令如下：

```
CREATE TABLE Student(
    sno int   NOT NULL   PRIMARY KEY,        /* 列级完整性约束,sno 为主码*/
    sname   char(10) UNIQUE,                 /* 姓名唯一*/
    ssex   char(2) NOT NULL,
    sbirth   date   NOT NULL,
    sdept   char(20) NULL)                    /* 院系允许为空*/
```

创建课程表(Course), 命令如下：

```
CREATE TABLE Course(
cno int   NOT NULL PRIMARY KEY,
cname    char(10) NOT NULL,
cpno int ,
cterm int,
credit   numeric(2,1),
FOREIGN KEY (cpno) REFERENCES   Course(cno)
/* 表级约束,参照完整性约束,cpno 为外码,它参照 Course 表的主码 cno*/
)
```

创建成绩表(SC), 命令如下：

```
CREATE TABLE SC(
sno int   NOT NULL,
cno int NOT NULL,
score    real,
PRIMARY KEY (sno,cno), /*   主码由两个属性构成,必须作为表级完整性约束*/
FOREIGN KEY (sno) REFERENCES Student(sno),
   /* 表级完整性约束,sno 是外码,参照 Student 表的主码 sno */
FOREIGN KEY (cno) REFERENCES Course(cno),
CONSTRAINT score_chk CHECK(score>=0 AND score <=100)
/* 表级完整性约束,成绩 score 的取值范围为 0~100*/
)
```

6.1.5   修改数据表

修改数据表的 SQL 命令格式如下：

```
ALTER TABLE <表名>
    [ADD [COLUMN] <新列名> <数据类型> [完整性约束]]
    [ADD <表级完整性约束>]
    [DROP [COLUMN] <列名> [CASCADE|RESTRICT]]
    [DROP CONSTRAINT<完整性约束名>[RESTRICT|CASCADE]]
    [ALTER COLUMN <列名><数据类型>]
```

其中：

（1）ADD 子句用于增加新的属性列、新的列级完整性约束和新的表级完整性约束。

（2）DROP COLUMN 子句用于删除表中的列。

若指定了 CASCADE（级联）短语，则自动删除引用了该列的其他对象，例如索引。

若指定了 RESTRICT（限制）短语，则如果该列被其他对象引用，数据库管理系统拒绝删除该列。

（3）DROP CONSTRAINT 子句用于删除指定的完整性约束条件。

（4）ALTER COLUMN 子句用于修改原有的列定义，包括修改列名和数据类型。

【例 6-5】在 Student 表中增加一个"专业 sepc"列，sdept 的长度增加到 30。命令如下：

```
ALTER TABLE Student
ADD sepc CHAR(20)
ALTER COLUMN sdept CHAR(30)
```

注意：（1）使用此方式增加的新列自动填充 NULL 值，因此不能为增加的新列指定 NOT NULL 约束。

（2）只能修改属性列的类型，不能修改列名；不能将含有空值的列的定义修改为 NOT NULL 约束；若列中已有数据，则不能减少该列的宽度，也不能改变其数据类型；只能修改 NULL/NOT NULL 约束，若要修改其他类型的约束，则必须在修改之前先将约束删除，然后重新添加约束定义。

6.1.6　删除数据表

删除数据表的 SQL 命令格式如下：

```
DROP TABLE <表名>
```

注意：若要求删除的基表被其他表的约束所引用，则此表不能被删除。例如，Student 表被 SC 表的外码约束所引用，因此不能删除 Student 表。若存在依赖该表的对象，如表上建立了索引、视图、触发器等，则此表不能被删除。

【例 6-6】删除 SC 表。命令如下：

```
DROP TABLE SC
```

【例 6-7】删除 Student 表。命令如下：

```
DROP TABLE Student
```

因为 Student 表被 SC 表的外码约束所引用，无法删除，所以出现图 6-1 所示的运行结果。

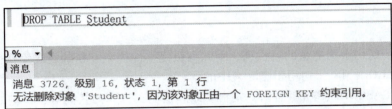

图 6-1　例 6-7 运行结果

如果想要删除主表，即删除主表及其所有相关的索引、约束、触发器等，可以通过以下步骤进行。

注意：在执行任何修改操作之前，请务必备份数据库，以防止意外删除或数据丢失。

（1）删除主表的外码关系。如果主表有外码关系与其他表相关联，请确保首先删除这些外码关系。删除外码约束的命令格式如下：

```
ALTER TABLE 从表
DROP CONSTRAINT FK_外码名;
```

其中，从表是指包含外码约束的表，FK_ 外码名是外码的名称。

（2）删除主表的约束、索引和触发器。命令格式如下：

```
/* 删除约束*/
ALTER TABLE 主表
DROP CONSTRAINT 约束名;

/* 删除索引*/
DROP INDEX 索引名 ON 主表;

/* 删除触发器*/
DROP TRIGGER 触发器名 ON 主表;
…
```

请根据实际情况逐个删除主表的约束、索引和触发器。

（3）删除主表。命令格式如下：

```
DROP TABLE 主表;
```

请注意，此操作将完全删除主表及其结构，并且无法撤消。在执行此操作之前，请确保已经备份了数据库，并且确认没有其他数据依赖该主表。

实验指导

数据定义实验指导如表 6-1 所示。

表 6-1 数据库定义实验指导

实验题目	数据库定义实验		
实验时间		实验地点	实验课时
实验目的	熟练掌握数据库 DDL，能够熟练运用 SQL 语句创建、修改和删除数据库和基表		
实验要求	使用 SQL 语句创建数据库、数据表，掌握 SQL 语句常见语法错误的调试方法		

一、创建数据库

```
CREATE DATABASE SMS
```

二、创建数据表
创建 Student 表，命令如下：

```
CREATE TABLE Student(
    sno int    NOT NULL   PRIMARY KEY,  /* 列级完整性约束,sno 为主码*/
    sname    char(10) UNIQUE,           /* 姓名唯一*/
    ssex    char(2) NOT NULL,
    sbirth    date    NOT NULL,
    sdept    char(20) NULL)             /* 院系允许为空*/
```

创建 Course 表，命令如下：

```
CREATE TABLE Course(
    cno int    NOT NULL PRIMARY KEY,
    cname    char(10) NOT NULL,
    cpno int ,
    cterm int,
    credit    numeric(2,1),
    FOREIGN KEY (cpno) REFERENCES    Course(cno)
    /* 表级约束,参照完整性约束,cpno 为外码,它参照 Course 表的主码 cno)*/
    )
```

创建 SC 表，命令如下：

```
CREATE TABLE SC(
    sno int    NOT NULL,
cno int NOT NULL,
    score real,
    PRIMARY KEY (sno,cno),
    /*  主码由两个属性构成,必须作为表级完整性约束*/
    FOREIGN KEY (sno) REFERENCES Student(sno),
```

实验题目	数据库定义实验

实验结果	/* 表级完整性约束,sno 是外码,参照 Student 表的主码 sno */
	    FOREIGN KEY (cno) REFERENCES Course(cno),
	    CONSTRAINT score_chk CHECK(score>=0 AND score <=100)
	  /* 表级完整性约束,成绩 score 的取值范围为 0~100 分*/
	  )
	
	（图：数据库关系图及 SQL 语句）
	ssex char(2) NOT NULL,
	sbirth date NOT NULL,
	sdept char(30) NULL)
	
	CREATE TABLE Course(
	cno int NOT NULL PRIMARY KEY,
	cname char(10) NOT NULL,
	cpno int ,
	cterm int,
	credit numeric(2,1),
	FOREIGN KEY (cpno) REFERENCES Course(cno)
	)

实验总结	示例: 1. 创建数据库后，要在此数据库中再创建数据表时，要将快捷菜单中的数据库选定为自己创建的数据库，这样在编程中书写更方便; 2. 要熟悉掌握各种参数的具体含义和使用方法。

6.2 数据查询

数据查询是数据库的核心操作。SQL 提供了 SELECT 语句进行数据查询，该语句使用灵活，功能丰富。

数据查询的 SQL 命令格式如下:

```
SELECT [ ALL | DISTINCT] [ TOP N] <列名> [ [ AS] 别名 1] [ {,<列名> [ [ AS] 别名 2]}]
FROM <表名> [,<表名> …] | (SELECT 语句) [ AS] <别名>
[ WHERE <检索条件>]
[ GROUP BY <列名 1> [ HAVING <条件表达式>]]
[ ORDER BY <列名 2> [ ASC | DESC ]]
```

其中:

(1) SELECT 子句用于指定在查询结果中要显示的属性列，即目标属性列。

1) ALL 用于表示查询结果中所有的行，包括重复行，该值为默认值。

2) DISTINCT 用于将查询结果中重复行删除。

3) TOP N 用于指定查询结果中的前多少行。

4）别名：为属性列重起一个名字。

（2）FROM 子句：指定在哪个基表中进行查询，即查询对象。

（3）WHERE 子句：指定查询条件。

（4）GROUP BY 子句：将查询结果按指定列的值进行分组，属性列值相等的元组为一个组，通常会在每组中使用聚集函数。相当于 EXCEL 表中的分类汇总。

（5）HAVING 短语：只有满足指定条件的组才予以输出，因此 HAVING 短语必须出现在 GROUP BY 子句中，如果没有 GROUP BY 子句，HAVING 短语是不能出现的。

（6）ORDER BY 子句：将查询结果表按指定列值进行升序或降序排序。

1）ASC：升序，该值为默认值。

2）DESC：降序。

SELECT 语句既可以完成简单的单表查询，也可以完成复杂的连接查询、嵌套查询等。

6.2.1　单表查询

1. 无条件查询

无条件查询是最简单的查询，只包含 SELECT…FROM 子句。

【例 6-8】查询全体学生的学号、姓名和出生日期。命令如下：

```
SELECT sno, sname, sbirth
FROM Student
```

运行结果如图 6-2 所示。

图 6-2　例 6-8 运行结果

【例 6-9】查询全体学生的学号、姓名和年龄。

这个查询要使用 DATEDIFF( ) 函数来计算年龄。命令如下

DATEDIFF(YY, birthdate, GETDATE( ))：计算出生日期 birthdate 到当前日期 GETDATE( ) 的年差。这是最简单的计算方法，但它忽略了具体的月份和日期。

```
SELECT sno,sname,DATEDIFF(YY, sbirth, GETDATE())
FROM Student
```

运行结果如图 6-3 所示。查询结果中年龄这一列没有列名。

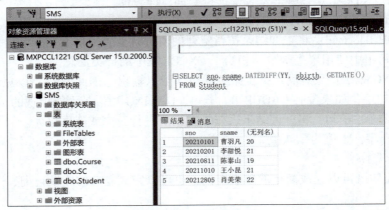

图 6-3　例 6-9 运行结果

使用以下命令查询：

```
SELECT sno,sname,DATEDIFF(YY, sbirth, GETDATE()) AS age
FROM Student
```

运行结果如图 6-4 所示。查询结果中年龄这一列的列名为别名 age。

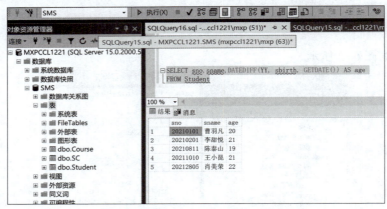

图 6-4　例 6-9 运行结果

【例 6-10】查询全体学生的信息。命令如下：

```
SELECT sno,sname,ssex,sbirth,sdept
FROM Student
```

如果查询结果中显示基表中所有属性，且顺序一致，可以用 * 代替。命令如下：

```
SELECT *
FROM Student
```

运行结果如图 6-5 所示。

图6-5 例6-10 运行结果

【例6-11】查询选修了课程的学生的学号。

根据题意，一个学生如果选修了多门课程，他的学号在查询结果中只需要出现一次，而不是多次，因此需要消除重复行，用到 DISTINCT 参数。命令如下：

```
SELECT DISTINCT sno
FROM SC
```

运行结果如图 6-6 所示。

图6-6 例6-11 运行结果

2. 条件查询

查询满足条件的行时，需要使用 WHERE 子句指定查询条件。

常用的比较运算符如表 6-2 所示。

表 6-2　常用的比较运算符

条件	运算符
比较大小	= , > , < , >= , <= , ! = , < >
多重条件	AND, OR, NOT
确定范围	BETWEEN AND, NOT　BETWEEN AND
确定集合	IN, NOT IN
字符匹配	LIKE, NOT LIKE
空值	IS NULL, IS NOT NULL

(1)比较大小。

【例 6-12】查询年龄大于或等于 20 岁的学生信息。命令如下：

```
SELECT    sno,sname
FROM Student
WHERE DATEDIFF(YY, sbirth, GETDATE())>= 20
```

运行结果如图 6-7 所示。

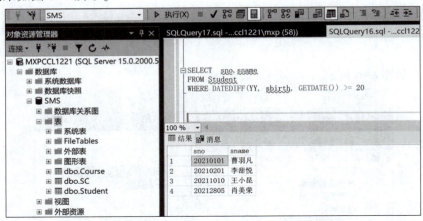

图 6-7　例 6-12 运行结果

(2)多重条件。

利用 AND、OR、NOT 将查询中的多个条件连接起来。

【例 6-13】查询软件学院男生的学号与姓名。命令如下：

```
SELECT    sno,sname
FROM Student
WHERE sdept = '软件学院' AND ssex ='男'
```

运行结果如图 6-8 所示。

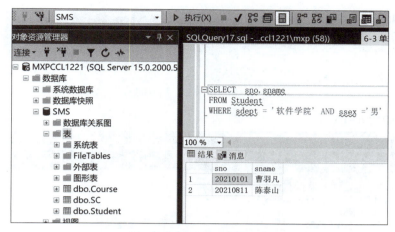

图 6-8　例 6-13 运行结果

【例 6-14】查询选修了 1 号课程或 2 号课程的学生学号、课程号。命令如下：

```
SELECT    sno,cno
FROM SC
WHERE cno=' 1' OR cno=' 2'
```

运行结果如图 6-9 所示。

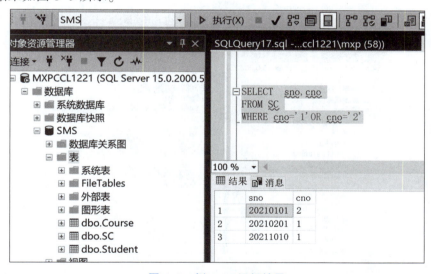

图 6-9　例 6-14 运行结果

（3）确定范围。

利用 BETWEEN…AND 可以查询属性值在某个数值范围内的元组。

【例 6-15】查询成绩为 60~80 分的学生学号、课程号。命令如下：

```
SELECT    sno,cno
FROM SC
WHERE score BETWEEN 60 AND 80
```

也可以写成：

```
SELECT    sno,cno
FROM SC
WHERE score >= 60 AND score <= 80
```

运行结果如图 6-10 所示。

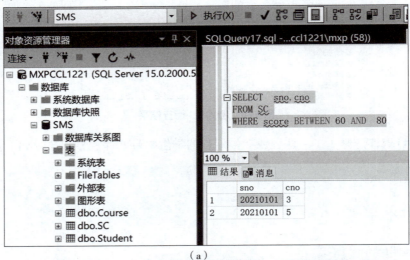

（a）

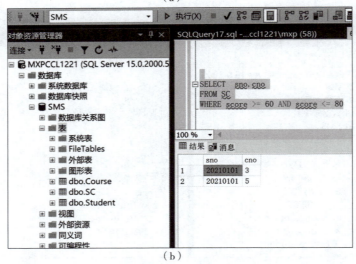

（b）

图 6-10　例 6-15 运行结果

（4）确定集合。

利用 IN 可以指定查询属性值属于哪个集合。

【例 6-16】查询电建学院与软件学院的学生学号、姓名和所在院系。命令如下：

```
SELECT    sno,sname,sdept
FROM Student
WHERE sdept IN( '软件学院',' 电建学院')
```

也可以写成：

```
SELECT    sno,sname,sdept
FROM Student
WHERE sdept='软件学院' OR sdept='电建学院'
```

运行结果如图 6-11 所示。

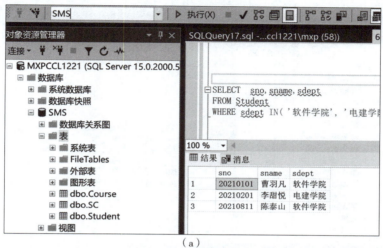

（a）

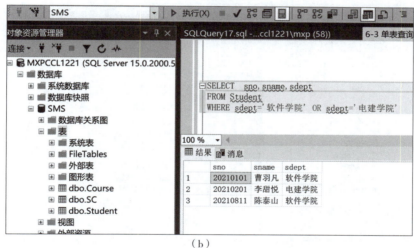

（b）

图 6-11　例 6-16 运行结果

【例 6-17】查询不是电建学院与软件学院的学生学号、姓名和所在院系。命令如下：

```
SELECT    sno,sname,sdept
FROM Student
WHERE sdept NOT IN('软件学院','电建学院')
```

也可以写成：

```
SELECT    sno,sname,sdept
FROM Student
WHERE sdept! ='软件学院' AND sdept! ='电建学院'
```

运行结果如图6-12所示。

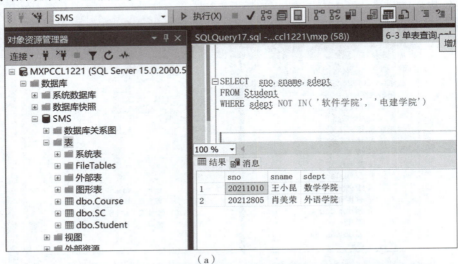

（a）

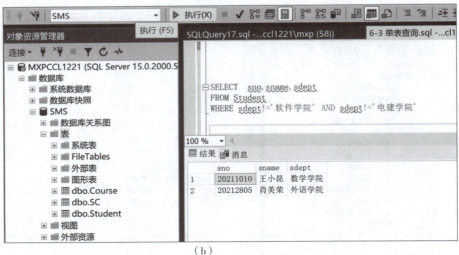

（b）

图6-12 例6-17运行结果

（5）字符匹配。

字符匹配也叫模糊匹配，当用户不能精确表达查询条件时，就可以采用此方式进行查询，命令格式如下：

```
<属性名>   LIKE'<匹配串>'［ESCAPE'<换码字符>'］
<属性名>   NOT LIKE'<匹配串>'［ESCAPE'<换码字符>'］
```

其中：

1)<匹配串>既可以是一个完整的字符串，也可以是含有通配符的字符串，如表 6-3 所示。

表 6-3　字符匹配中的通配符

通配符	功能	实例
%	代表 0 个或多个字符	ab% 表示 ab 后可接任意字符串
_（下划线）	代表一个字符	a_b 表示 a 与 b 之间可有一个字符
[ ]	表示在某一范围的字符	[0-9] 表示 0~9 之间的字符
[^]	表示不在某一范围的字符	[^0-9] 表示不在 0~9 之间的字符

2)ESCAPE '<换码字符>' 将通配符转义为普通字符。例如，查询以 LU_ 开头的课程名，这里的 _（下划线）为普通字符，不再是通配符。

【例 6-18】查询所有姓曹的学生学号和姓名。命令如下：

```
SELECT    sno,sname
FROM Student
WHERE sname like ' 曹%'
```

运行结果如图 6-13 所示。

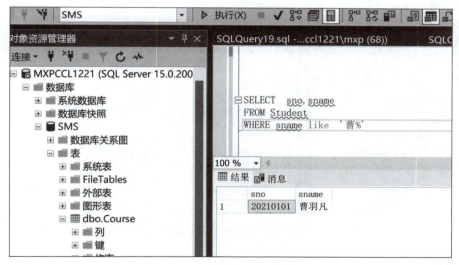

图 6-13　例 6-18 运行结果

【例 6-19】查询姓名中第二个字为"美"的学生学号和姓名。命令如下：

```
SELECT    sno,sname
FROM Student
WHERE sname like '_美%'  /*这里用一个_(下划线)*/
```

运行结果如图 6-14 所示。

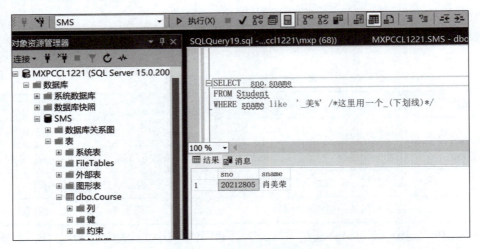

图 6-14   例 6-19 运行结果

【例 6-20】查询课程名以 LU_ 开头的课程号和课程名。命令如下：

```
SELECT    cno,cname
FROM Course
WHERE cname like 'LU\_%' ESCAPE '\' /*\后面的_为普通字符*/
```

运行结果如图 6-15 所示。

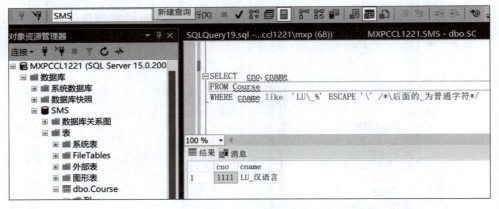

图 6-15   例 6-20 运行结果

（6）空值。

利用 NULL 可以查询属性值为 NULL 的元组。

【例 6-21】查询选了课但成绩为空的学生的学号和课程号。命令如下：

```
SELECT    sno,cno
FROM SC
WHERE score IS NULL
```

运行结果如图 6-16 所示。

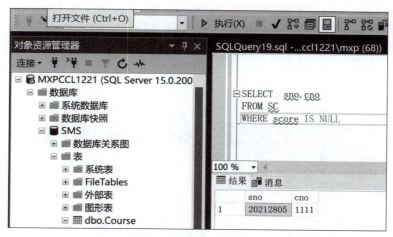

图 6-16 例 6-21 运行结果

3. 查询结果排序

利用 ORDER BY 子句可以实现对查询结果的排序。

【例 6-22】查询选了 1 号课程的学生学号和成绩，并按成绩降序排序。命令如下：

```
SELECT    sno,score
FROM SC
WHERE cno='1'
ORDER BY score DESC
```

运行结果如图 6-17 所示。

图 6-17 例 6-22 运行结果

【例 6-23】将成绩表中的信息按照课程号升序排序，课程号相同的按照成绩降序排序。命令如下：

```
SELECT   *
FROM SC
ORDER BY cno,score DESC
```

运行结果如图 6-18 所示。

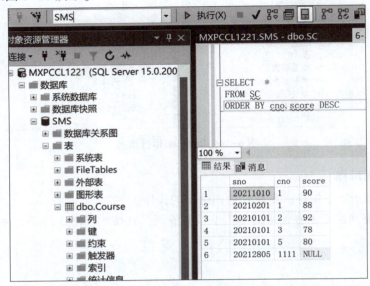

图 6-18　例 6-23 运行结果

4. 分组查询

可以利用 GROUP BY 子句可以将查询结果按照属性列或属性列组合进行分组，将属性列或属性列组合上值相同的元组分为一组。

一般来说，分组查询后要进行统计汇总，与 Excel 表中的分类汇总类似，因此常常要用到聚集函数。常用的聚集函数如表 6-4 所示。

表 6-4　常用的聚集函数

函数名称	功能	备注
COUNT	按列值统计元组个数	也可以直接统计元组个数
SUM	按列计算总和	此列必须为数值型
AVG	按列计算平均值	此列必须为数值型
MAX	求一列中的最大值	此列必须为数值型
MIN	求一列中的最小值	此列必须为数值型

【例 6-24】查询每门课程的平均成绩。命令如下：

```
SELECT   cno,AVG(score) AS average
FROM SC
GROUP BY cno
```

运行结果如图6-19所示。

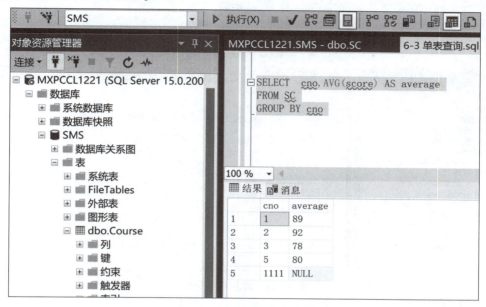

图6-19 例6-24运行结果

【例6-25】统计每个学院的男生、女生的人数。命令如下：

```
SELECT    sdept,ssex,count(sno) AS number
FROM Student
GROUP BY   sdept,ssex /*先按照学院分组,同一学院的再按照性别分组*/
```

运行结果如图6-20所示。

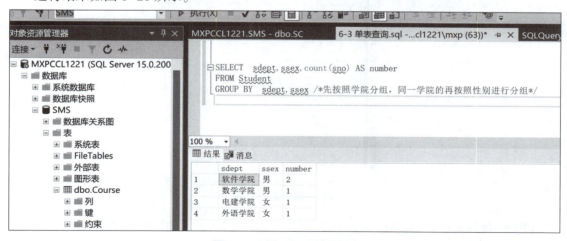

图6-20 例6-25运行结果

注意：因为Student表中数据量较少，软件学院只有男生没有女生，其他学院只有一名学生，所以上述查询从结果看不出有两个分组，为了更清楚地表达这个查询，可以增加以下两条记录（这部分在数据更新中介绍），运行结果如图6-21所示。

```
INSERT  INTO  Student  VALUES (20200840,'李慧','女','2002- 06- 30' ,'软件学院')
INSERT  INTO  Student  VALUES (20220238,'马文兵','男','2003- 10- 26','电建学院')
```

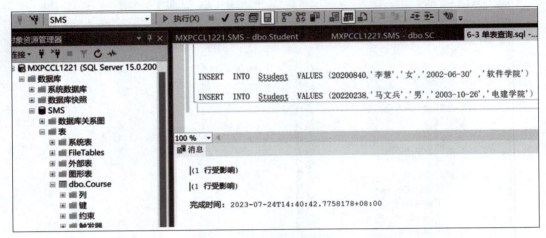

图 6-21　添加两条记录

运行以下代码，运行结果如图 6-22 所示。

```
SELECT   sdept,ssex,count(sno) AS number
FROM Student
GROUP BY   sdept,ssex /*先按照学院分组,同一学院的再按照性别分组*/
ORDER BY   sdept,ssex
```

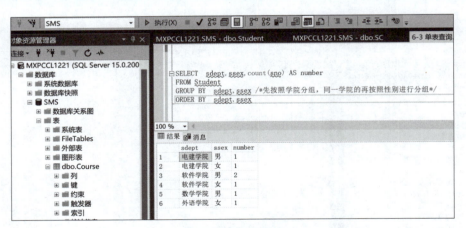

图 6-22　运行结果

【例 6-26】统计每个院系的学生人数，将人数大于或等于 2 的输出。命令如下：

```
SELECT   sdept,count(*) AS number
FROM Student
GROUP BY sdept
HAVING count(*)>=2
```

运行结果如图 6-23 所示。

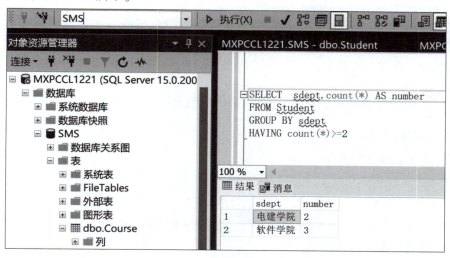

图 6-23　例 6-26 运行结果

注意，不能写成：

```
SELECT    sdept,count(*) AS number
FROM Student
WHERE count(*)>=2
GROUP BY sdept
```

否则运行会出错，如图 6-24 所示。

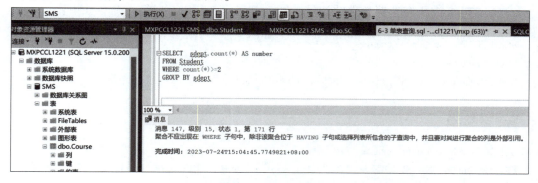

图 6-24　运行出错

这是因为 WHERE 子句与 HAVING 子句作用对象不同：WHERE 子句作用于基表或视图，从中选择满足条件的元组；HAVING 子句作用于组，从中选择满足条件的组。

6.2.2　连接查询

涉及两个或两个以上的表的查询称为连接查询，表的连接有两种方法。

（1）在 WHERE 子句中指明要连接的列名及连接条件。命令格式如下：

[<表名 1>.]<列名 1> <比较运算符> [<表名 2>.]<列名 2>

（2）在 FROM 子句中使用 JOIN 将两个或多个表中的数据联合在一起进行查询。几种常用语法如下：

1）内连接。命令格式如下：

表名 1 INNER JOIN 表名 2 ON 表名 1. 列名 = 表名 2. 列名

内连接返回两个表中匹配的行。

2）左外连接。命令格式如下：

表名 1 LEFT JOIN 表名 2 ON 表名 1. 列名 = 表名 2. 列名

左外连接返回左表（表名 1）中的所有行，以及右表（表名 2）中与左表匹配的行。

3）右外连接。命令格式如下：

表名 1 RIGHT JOIN 表名 2 ON 表名 1. 列名 = 表名 2. 列名

右连接返回右表（表名 2）中的所有行，以及左表（表名 1）中与右表匹配的行。

4）全外连接。命令格式如下：

表名 1 FULL OUTER JOIN 表名 2 ON 表名 1. 列名 = 表名 2. 列名

全外连接返回左表和右表中的所有行，若没有匹配的行，则填充 NULL 值。

【例 6-27】查询所有选课学生的学号、姓名、课程名称以及成绩。命令如下：

```
SELECT    SC. sno,sname,cname,score
FROM Student,SC,Course
WHERE Course. cno=SC. cno and Student. sno=SC. sno
```

也可以写成：

```
SELECT    SC. sno,sname,cname,score
FROM (Student INNER JOIN SC ON Student. sno=SC. sno) INNER JOIN Course
ON Course. cno=SC. cno
```

运行结果如图 6-25 所示。

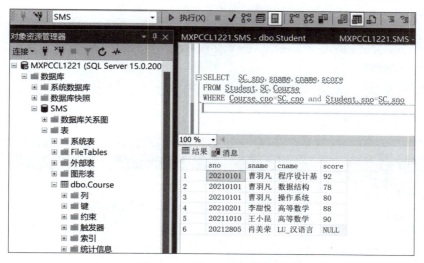

图 6-25　例 6-27 运行结果

【例 6-28】查询每个学生的学号、姓名及选课门数。命令如下：

```
SELECT Student. sno,sname,count(SC. cno) total
FROM Student , SC
WHERE Student. sno＝SC. sno
GROUP BY Student. sno,Student. sname
```

运行结果如图 6-26 所示。

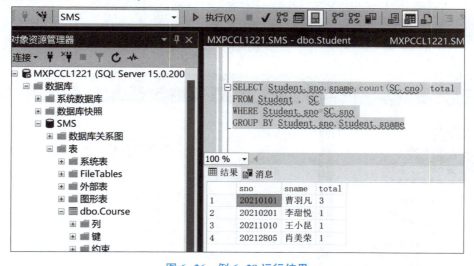

图 6-26　例 6-28 运行结果

【例 6-29】查询选修了 2 号和 3 号课程，并且成绩均大于 60 分的学生的学号、课程号以及各自的成绩。

　　本查询需要使用两个 SC 表，将这两个 SC 表根据学号相等连接起来(要保证属性名不同)，然后找满足条件的元组。这里涉及一个自身连接。自身连接就是指一个表与其自己进行连接。在自身连接中需要给表起别名以示区别，因为所有属性名都是同名属性，所以必须使用别名前缀。命令如下：

```
SELECT X. sno,X. cno,X. score score2,Y. cno,Y. score score
FROM SC X,SC Y
WHERE X. sno=Y. sno and X. cno=2 and Y. cno=3 and X. score>60 and Y. score>60
```

运行结果如图 6-27 所示。

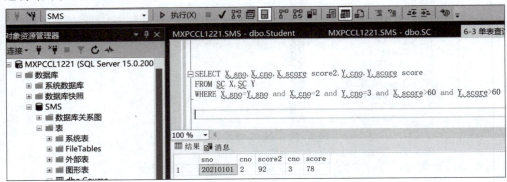

图 6-27　例 6-29 运行结果

【例 6-30】查询所有学生的学号、姓名、课程名称以及成绩（没有选课的学生信息也要出现在结果中）。命令如下：

```
SELECT   Student. sno,sname,cname,score
FROM(Student LEFT   JOIN SC ON Student. sno=SC. sno) LEFT   JOIN Course
ON Course. cno=SC. cno
```

运行结果如图 6-28 所示。

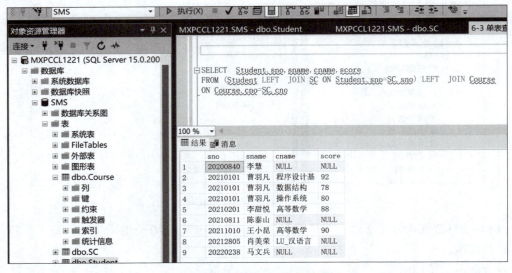

图 6-28　例 6-30 运行结果

6.2.3　嵌套查询

嵌套查询是指在一个查询语句中嵌套使用另一个查询语句，以实现更复杂的查询需求。通常将内查询块嵌套在外查询块的 WHERE 或 HAVING 子句的条件中。内查询块也被称为子查询，外查询块也被称为父查询。

嵌套查询可以分为不相关子查询与相关子查询。

1. 不相关子查询

不相关子查询指的是子查询的查询条件不依赖父查询。它主要有以下两种方式。

（1）带有 IN 的子查询。子查询被放置在父查询的 WHERE 子句中的 IN 之后。子查询会优先执行，返回一组结果，然后父查询会根据这些结果进行进一步的过滤和操作。

（2）带有比较运算符的子查询。子查询与父查询之间用比较运算符连接。需要注意的是，在使用这种不相关子查询时，要保证子查询返回的结果集只有一列一行，否则会出现错误。

【例 6-31】查询既选修了 2 号课程又选修了 3 号课程的学生的学号。命令如下：

```
SELECT sno
FROM SC
WHERE cno=2 AND sno IN
      (SELECT sno
       FROM SC
       WHERE cno=3)
```

运行结果如图 6-29 所示。

图 6-29　例 6-31 运行结果

【例 6-32】查询所选课程成绩全部大于 80 分的学生的学号。命令如下：

```
SELECT DISTINCT sno
FROM SC
WHERE sno NOT IN
     ( SELECT sno
        FROM SC
        WHERE score <=80 )
```

运行结果如图 6-30 所示。

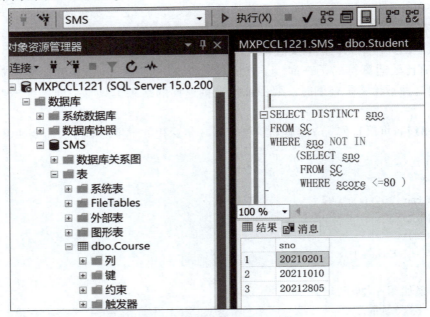

图 6-30　例 6-32 运行结果

【例 6-33】查询所选课程平均成绩大于全部学生所选课程的平均成绩的学生的学号。命令如下：

```
SELECT   sno
FROM SC
GROUP BY sno
HAVING AVG(score)> ( SELECT AVG(score)
                     FROM SC )
```

运行结果如图 6-31 所示。

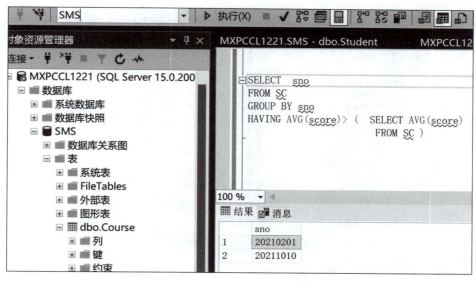

图 6-31　例 6-33 运行结果

2. 相关子查询

相关子查询（Correlated Subquery）是指一个查询中嵌套了另一个查询，并且内部查询的查询条件需要引用外部查询的属性值。简单来说，内部查询的执行是基于外部查询的每一行进行的。

相关子查询的执行顺序如下。

（1）取外部查询中表的第一个元组，内部查询根据此元组中相关的属性值来查询。外部查询根据内部查询返回的结果，判断此元组是否满足查询条件，若满足，则把此元组放入结果表。

（2）取外部查询中表的下一个元组。

（3）重复以上过程，直至处理完外部查询表的全部数据为止。

【例 6-34】找出每个学生的成绩超过他选修课程平均成绩的课程号及学号。命令如下：

```
SELECT sno, cno
FROM      SC  X
WHERE score >( SELECT AVG(score)
             FROM    SC Y
             WHERE X. sno=Y. sno)
```

运行结果如图 6-32 所示。

图 6-32　例 6-34 运行结果

此外，相关子查询也可以使用 EXISTS 实现。

带有 EXISTS 的子查询不返回任何数据，只产生逻辑真值 true 或逻辑假值 false。若内层查询结果非空，则外层的 WHERE 子句返回真值；若内层查询结果为空，则外层的 WHERE 子句返回假值。

带 EXISTS 的子查询只返回真值或假值，给出列名无实际意义，因此其子查询的目标列表达式通常都用 ＊ 表示。

【例 6-35】查询与"曹羽凡"在同一个院系学习的学生的学号与姓名。命令如下：

```
SELECT sno,sname
FROM Student S1
WHERE EXISTS
        (SELECT *
        FROM Student S2
        WHERE S2. sdept = S1. sdept AND   S2. sname = '曹羽凡')
```

运行结果如图 6-33 所示。

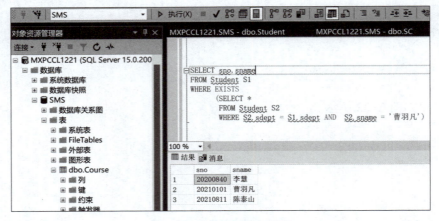

图 6-33　例 6-35 运行结果

【例 6-36】查询选修了全部课程的学生姓名。命令如下：

```
SELECT sname
FROM Student
WHERE NOT EXISTS
        (SELECT *
        FROM Course
          WHERE NOT EXISTS
              (SELECT *
              FROM SC
              WHERE sno= Student. sno AND cno= Course. cno ))
```

运行结果如图 6-34 所示。

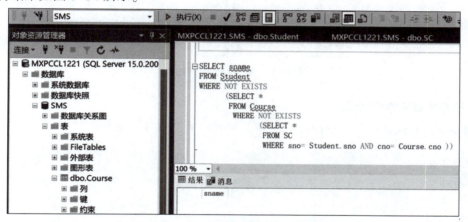

图 6-34　例 6-36 运行结果

6.2.4　集合查询

SELECT 查询的结果是元组的集合，多个 SELECT 查询的结果可以进行集合查询。集合查询有交 INTERSECT、并 UNION、差 EXCEPT 这 3 种类型。必须注意的是，参加集合查询的各查询结果的表结构应该相同，即列数相同，对应列的数据类型也相同。

1. 交 INTERSECT 集合查询

【例 6-37】查询既选修了 2 号课程又选修了 3 号课程的学生的学号。命令如下：

```
SELECT sno
FROM SC
WHERE cno=2
INTERSECT
SELECT sno
FROM SC
WHERE cno=3
```

运行结果如图 6-35 所示。

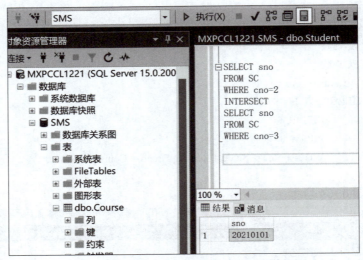

图 6-35　例 6-37 运行结果

2. 并 UNION 集合查询

【例 6-38】查询选修了 2 号课程或 3 号课程的学生的学号。命令如下：

```
SELECT sno
FROM SC
WHERE cno=2
UNION
SELECT sno
FROM SC
WHERE cno=3
```

运行结果如图 6-36 所示。

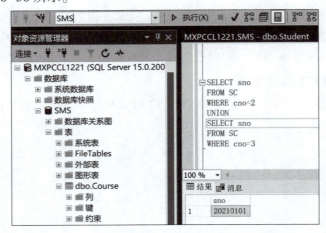

图 6-36　例 6-38 运行结果

3. 差 EXCEPT 集合查询

【例 6-39】查询选修了 2 号课程但没有选修 3 号课程的学生的学号。命令如下：

```
SELECT sno
FROM SC
WHERE cno=2
EXCEPT
SELECT sno
FROM SC
WHERE cno=3
```

运行结果如图 6-37 所示。可以看到，因为没有选修了 2 号课程但没有选修 3 号课程的学生，所以查询结果为空。

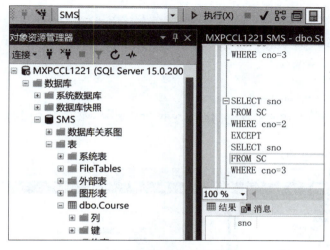

图 6-37 例 6-39 运行结果

6.2.5 其他查询

子查询不仅可以出现在 WHERE 子句或 HAVING 子句中，还可以出现在 FROM 子句中，这时子查询的临时结果表要保存为一个基表（称为派生表），其作为主查询的查询对象。

【例 6-40】找出每个学生的成绩超过他自己选修课程平均成绩的课程号及学号。命令如下：

```
SELECT sno, cno
FROM SC,( SELECT sno, Avg(score)
          FROM SC
          GROUP BY sno)
      AS   Avg_sc(avg_sno,avg_score)
      WHERE SC. sno = Avg_sc. avg_sno AND SC. score >=Avg_sc. avg_score
```

运行结果如图 6-38 所示。

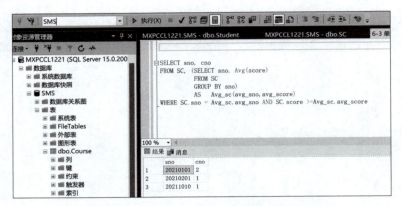

图 6-38　例 6-40 运行结果（使用 FROM 子句）

也可以写成：

```
SELECT sno, cno
FROM SC,( SELECT sno avg_sno, Avg(score) avg_score
          INTO   Avg_sc
          FROM SC
          GROUP BY sno)
WHERE SC. sno = Avg_sc. avg_sno AND SC. score >=Avg_sc. avg_score
```

运行结果如图 6-39 所示。

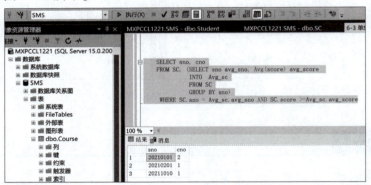

图 6-39　例 6-40 运行结果（使用 INTO）子句

实验指导

数据查询实验指导和表 6-5 所示。

表 6-5　数据查询实验指导

实验题目	数据查询实验				
实验时间		实验地点		实验课时	
实验目的	熟练掌握数据库 DDL，能够熟练运用 SQL 语句实现数据查询，包括单表查询、连接查询、嵌套查询、集合查询等				

实验题目	数据查询实验
实验要求	使用 SQL 语句实现单表查询、连接查询、嵌套查询、集合查询等，掌握 SQL 语句常见语法错误的调试方法
实验内容	一、单表查询 1. 查询全体学生的学号、姓名和出生日期。 SELECT sno, sname, sbirth FROM Student 2. 查询全体学生的学号、姓名和年龄。 SELECT sno,sname,DATEDIFF(YY, sbirth, GETDATE()) FROM Student 3. 查询全体学生的信息。 SELECT * FROM Student 4. 查询选修了课程的学生的学号。 SELECT DISTINCT sno FROM SC 5. 查询年龄大于或等于 20 岁的学生信息。 SELECT sno,sname FROM Student WHERE DATEDIFF(YY,sbirth,GETDATE()) >=20 6. 查询软件学院男生的学号与姓名。 SELECT sno,sname FROM Student WHERE sdept = '软件学院' AND ssex ='男' 7. 查询选修了 1 号课程或 2 号课程的学生学号、课程号。 SELECT sno,cno FROM SC WHERE cno='1' OR cno='2' 8. 查询成绩为 60~80 分的学生学号、课程号。 SELECT sno,cno FROM SC WHERE score BETWEEN 60 AND 80 9. 查询电建学院与软件学院的学生学号、姓名和所在院系。 SELECT sno, sname, sdept

实验题目	数据查询实验
	FROM Student WHERE sdept IN('软件学院', '电建学院') 10. 查询所有姓曹的学生学号和姓名。 SELECT sno,sname FROM Student WHERE sname like '曹%' 11. 查询课程名以 LU_ 开头的课程号和课程名。 SELECT cno,cname FROM Course WHERE cname like 'LU_%' ESCAPE '\\' 12. 查询选课了但成绩为空的学生的学号和课程号。 SELECT sno,cno FROM SC WHERE score IS NULL 13. 查询选修了 1 号课程的学生学号和成绩，并按成绩降序排序。 SELECT sno,score FROM SC WHERE cno='1' ORDER BY score DESC 14. 查询每门课程的平均成绩。 SELECT cno,AVG(score) AS average FROM SC GROUP BY cno 15. 统计每个学院的男生、女生人数。 SELECT sdept,ssex,count(sno) AS number FROM Student GROUP BY sdept,ssex /* 先按照学院分组,同一学院的再按照性别分组*/ ORDER BY sdept,ssex 16. 统计每个院系的学生人数，将人数大于或等于 2 的输出。 SELECT sdept,count(*) AS number FROM Student GROUP BY sdept HAVING count(*)>=2 二、连接查询 1. 查询所有选课学生的学号、姓名、课程名称以及成绩。

实验题目	数据查询实验

```
SELECT   SC. sno,sname,cname,score
FROM Student,SC,Course
WHERE Course. cno＝SC. cno and Student. sno＝SC. sno
```

2. 查询每个学生的学号、姓名及选课门数。

```
SELECT Student. sno,sname,count(SC. cno) total
FROM Student , SC
WHERE Student. sno＝SC. sno
GROUP BY Student. sno,Student. sname
```

3. 查询选修了 2 号和 3 号课程，并且成绩均大于 60 分的学生的学号、课程号以及各自的成绩。

```
SELECT X. sno,X. cno,X. score score2,Y. cno,Y. score score
FROM SC X,SC Y
WHERE X. sno＝Y. sno and X. cno＝2 and Y. cno＝3 and X. score>60 and Y. score>60
```

4. 查询所有学生的学号、姓名、课程名称以及成绩(没有选课的学生信息也要出现在结果中)。

```
SELECT   Student. sno,sname,cname,score
FROM(Student LEFT   JOIN SC ON Student. sno＝SC. sno) LEFT   JOIN Course ON
Course. cno＝SC. cno
```

三、嵌套查询

1. 查询既选修了 2 号课程又选修了 3 号课程的学生的学号。

```
SELECT sno
FROM SC
WHERE cno＝2 AND sno IN
        (SELECT sno
        FROM SC
        WHERE cno＝3)
```

2. 查询所选课程成绩全部大于 80 分的学生的学号。

```
SELECT DISTINCT sno
FROM SC
WHERE sno NOT IN
        (SELECT sno
        FROM SC
        WHERE score <＝80 )
```

3. 查询所选课程平均成绩大于全部学生所选课程的平均成绩的学生的学号。

```
SELECT   sno
FROM SC
```

实验题目	数据查询实验

```
GROUP BY sno
HAVING AVG(score)> ( SELECT AVG(score)
                            FROM SC )
```

4. 找出每个学生的成绩超过他选修课程平均成绩的课程号及学号。

```
SELECT sno,cno
FROM   SC   X
WHERE score >( SELECT AVG(score)
                    FROM   SC Y
                    WHERE X. sno＝Y. sno)
```

5. 查询选修了全部课程的学生姓名。

```
SELECT sname
FROM Student
WHERE NOT EXISTS
        (SELECT *
        FROM Course
        WHERE NOT EXISTS
              (SELECT *
              FROM SC
              WHERE sno＝ Student. sno AND cno＝ Course. cno ))
```

四、集合查询

1. 查询既选修了 2 号课程又选修了 3 号课程的学生的学号。

```
SELECT sno
FROM SC
WHERE cno＝2
INTERSECT
SELECT sno
FROM SC
WHERE cno＝3
```

2. 查询选修了 2 号课程或 3 号课程的学生的学号。

```
SELECT sno
FROM SC
WHERE cno＝2
UNION
SELECT sno
FROM SC
WHERE cno＝3
```

3. 查询选修了 2 号课程但没有选修 3 号课程的学生的学号。

```
SELECT sno
```

实验题目	数据查询实验
	FROM SC WHERE cno=2 EXCEPT SELECT sno FROM SC WHERE cno=3 **五、其他查询** 　　找出每个学生的成绩超过他自己选修课程平均成绩的课程号及学号。 SELECT sno, cno FROM SC,(SELECT sno, Avg(score) 　　　　FROM SC 　　　　GROUP BY sno) AS　　Avg_sc(avg_sno,avg_score) WHERE SC. sno = Avg_sc. avg_sno 　　　　AND SC. score >=Avg_sc. avg_score
实验结果	
实验总结	

6.3　数据更新

数据更新包括 3 种操作，分别为插入、修改、删除。

6.3.1　插入

数据插入使用 INSERT 语句，它有两种插入方式，分别用于插入单个元组和插入多个元组。

1. 插入单个元组

插入单个元组的命令格式如下：

```
INSERT INTO <表名> [(<属性列 1>[,<属性列 2 >]…)]
VALUES (<常量 1> [,<常量 2>]… )
```

其中：

（1）[ ]是可选项，表示属性列可指定也可不指定。

（2）<表名>是指要插入数据的表。

（3）VALUES 子句中的常量值要和插入数据的列个数相同，类型对应相同。

（4）属性列的顺序可与表结构中的顺序不一致。

（5）若要插入的是一个完整的元组，则可以省略表名后面的属性列。

（6）若指定部分属性列，则插入的元组在其余属性列上取空值。

【例6-41】插入一条学生记录（20200842，米小咪，2002-06-30，女）。命令如下：

```
INSERT INTO Student(sno,sname,sbirth,ssex)
VALUES(20200842,'米小咪','2002- 06- 30','女')
```

也可以写成：

```
INSERT INTO Student
VALUES(20200842,'米小咪','女','2002- 06- 30',NULL)
```

可以看出，查询条件的顺序对查询结果没有影响。运行结果如图6-40所示。

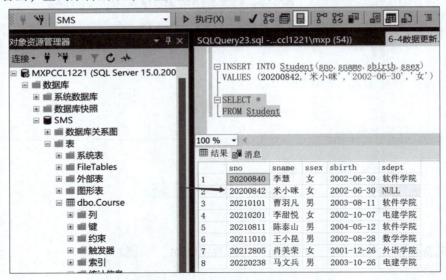

图6-40　例6-41运行结果

2. 插入多个元组

插入多个元组实现的是表之间的复制，即在一个表中进行查询，将查询结果中的数据复制到另一个表中。

插入多行数据的命令格式如下：

```
INSERT INTO <表名> [(<属性列1>[,<属性列2>]…)]
<子查询>
```

【例6-42】统计每个学生选课门数与平均成绩，并将结果存放到一个新表 Statis 中。

第一步：建表，存放学号、选课门数、平均成绩。命令如下：

```
CREATE    TABLE    Statis
    ( sno    INT,
      number_cno INT,
      Avg_score    REAL)
```

第二步：插入数据。命令如下：

```
INSERT INTO    Statis(sno,number_cno,Avg_score)
SELECT sno,count(cno),AVG(score)
FROM    SC
GROUP BY sno
```

运行结果如图6-41所示。

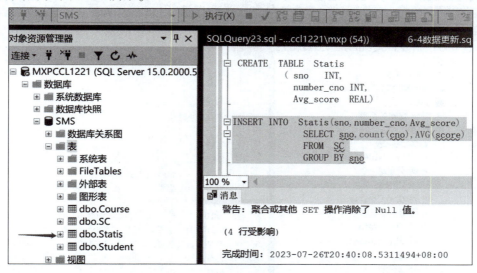

图6-41　例6-42运行结果

注意：执行插入语句时，数据库管理系统会自动检查插入的元组是否破坏表上已定义的完整性约束，如果破坏就拒绝插入。

6.3.2　修改

数据修改使用 UPDATE 语句，它可以修改单个元组和多个元组。其命令格式如下：

```
UPDATE    <表名>
SET    <列名>=<表达式>[,<列名>=<表达式>]…
[ WHERE <条件>]
```

其中：

（1）<表名>是指要修改数据的表。

（2）SET 子句是一个赋值语句，表示给指定的列赋一个新值。

（3）WHERE 子句给出被修改的元组需要满足的条件。若省略 WHERE 子句，则修改整个表中的元组。

1. 修改单个元组

【例 6-43】将学号为 20200842 的学生分配到电建学院。命令如下：

```
UPDATE   Student
SET sdept='电建学院'
WHERE   sno='20200842'
```

运行结果如图 6-42 所示（其中查询语句是为了验证修改是否成功）。

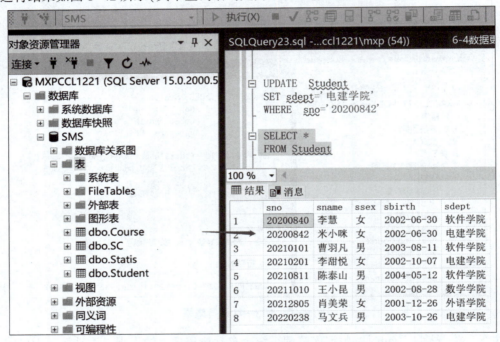

图 6-42   例 6-43 运行结果

2. 修改多个元组

【例 6-44】将所有学生的学科成绩全部乘以 0.9。命令如下：

```
UPDATE   SC
SET score=score*0.9
```

运行结果如图 6-43 所示（其中查询语句是为了验证修改是否成功）。

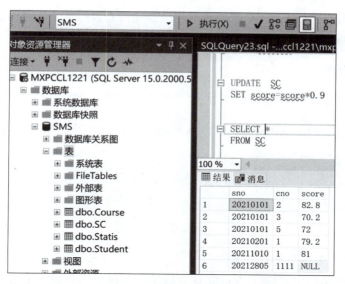

图 6-43 例 6-44 运行结果

3. 修改子查询结果中的元组

【例 6-45】将软件学院全体学生的成绩除以 0.9（即恢复原值）。命令如下：

```
UPDATE SC
SET    score=score/0.9
WHERE sno    IN
    (SELECT sno
    FROM    Student
    WHERE    sdept='软件学院')
```

运行结果如图 6-44 所示。

图 6-44 例 6-45 运行结果

注意：执行修改语句时，数据库管理系统会自动检查修改的元组是否破坏表上已定义的完整性约束，如果破坏就拒绝修改。

6.3.3 删除

数据删除使用 DELETE 语句，它可以删除单个元组和多个元组。其命令格式如下：

```
DELETE
FROM    <表名>
[WHERE <条件>]
```

其中：

（1）<表名>是指要删除数据的表。

（2）WHERE 子句给出被删除的元组需要满足的条件。若省略 WHERE 子句，则删除整个表中的元组。

1. 删除单个元组

【例 6-46】删除学号为 20200842 的学生信息。命令如下：

```
DELETE
FROM Student
WHERE    sno=20200842
```

运行结果如图 6-45 所示（其中查询语句是为了验证删除是否成功）。

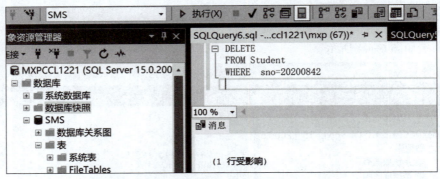

图 6-45 例 6-46 运行结果

2. 删除多个元组

【例 6-47】将 SC 表的数据全部删除。命令如下：

```
DELETE
FROM SC
```

运行结果如图 6-46 所示。

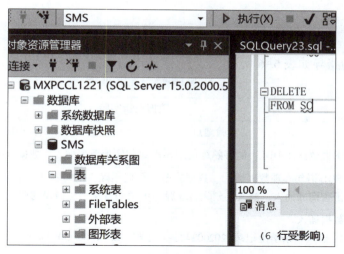

图 6-46 例 6-47 运行结果

3. 利用子查询选择要删除的元组

【例 6-48】删除所有女生的选课记录。命令如下：

```
DELETE
FROM SC
WHERE sno IN
    (SELECT sno
    FROM    Student
    WHERE   ssex = '女')
```

运行结果如图 6-47 所示。

图 6-47 例 6-48 运行结果

注意：执行删除语句时，数据库管理系统会自动检查删除的元组是否破坏表上已定义的完整性约束，如果破坏就按照完整性约束进行相应的处理。

实验指导

数据更新实验指导如表 6-6 所示。

表 6-6　数据更新实验指导

实验题目	数据更新实验			
实验时间		实验地点		实验课时	
实验目的	熟练掌握数据库 DDL，能够熟练运用 SQL 语句实现数据插入、数据修改、数据删除等			
实验要求	使用 SQL 语句实现数据插入、数据修改、数据删除，同时在表中验证这些操作，特别是带有子查询的插入、修改、删除。掌握 SQL 语句常见语法错误的调试方法			
实验内容	一、数据插入

一、数据插入

1. 插入一条学生记录（20200842，米小咪，2002-06-30，女）。

```
INSERT INTO Student(sno,sname,sbirth,ssex)
VALUES(20200842,'米小咪' ,'2002- 06- 30' ,'女' )
```

用下列语句验证插入是否成功。

```
SELECT *
FROM Student
```

2. 统计每个学生选课门数与平均成绩，并将结果存放到一个新表 Statis 中。

第一步：建表，存放学号、选课门数、平均成绩。

```
CREATE TABLE Statis
    ( sno INT,
    number_cno INT,
    Avg_score    REAL)
```

第二步：插入数据。

```
INSERT INTO    Statis(sno,number_cno,Avg_score)
    SELECT sno,count(cno),AVG(score)
    FROM    SC
    GROUP BY sno
```

用下列语句验证插入是否成功。

```
SELECT *
FROM Statis
```

二、数据修改

1. 将学号为 20200842 的学生分配到电建学院。

```
UPDATE    Student
SET sdept='电建学院'
WHERE    sno＝20200842
```

用下列语句验证修改是否成功。

实验题目	数据更新实验

	SELECT *
	FROM Student
	
	2. 将所有学生的学科成绩全部乘以 0.9。
	
	UPDATE SC
	SET score=score* 0.9
	
	用下列语句验证修改是否成功。
	
	SELECT *
	FROM Student
	
	3. 将软件学院全体学生的成绩除以 0.9(即恢复原值)。
	
	UPDATE SC
	SET score=score/0.9
	WHERE sno IN
	        (SELECT sno
	        FROM Student
	        WHERE sdept= '软件学院')
	
	用下列语句验证修改是否成功。
	
	SELECT *
	FROM SC
	
	三、数据删除
	    1. 删除学号为 20200842 的学生信息。
	
	DELETE
	FROM Student
	WHERE sno=20200842
	
	用下列语句验证删除是否成功。
	
	SELECT *
	FROM Student
	
	2. 将 SC 表的数据全部删除。
	    为了便于后期课程内容的讲解，SC 表的数据希望还保留，可以先使用下列语句将 SC 表复制到另一个表中。
	
	SELECT *
	INTO SC1
	FROM SC
	
	再使用下列语句将 SC 表的数据全部删除。
	
	DELETE
	FROM SC

实验题目	数据更新实验

	用下列语句验证删除是否成功。
	
	    SELECT *
	    FROM SC
	
	3. 删除所有女生的选课记录。
	    因为上面的实验已将 SC 表中的数据全部删除，为了实现这个操作，需要先使用下列语句将 SC1 表中的数据复制到 SC 表中。
	
	    INSERT INTO SC
	        SELECT *
	        FROM SC1
	
	再使用下列语句删除所有女生的选课记录。
	
	    DELETE
	    FROM SC
	    WHERE sno IN
	        (SELECT sno
	        FROM Student
	        WHERE ssex＝'女')
	
	用下列语句验证删除是否成功。
	
	    SELECT *
	    FROM SC

实验结果	
实验总结	

6.4 视图

数据库中的视图是一个虚拟的表，其内容是基于一个或多个基表的查询结果。视图可以像表一样进行查询操作。视图在数据库中的应用非常广泛，可以用于简化复杂的查询、提供特定用户的数据访问权限、合并多个表的数据等。通过使用视图，可以提高数据库的可维护性、安全性和性能。

视图与基表的区别如下。

（1）存储方式。基表是实际存储数据的物理表，而视图是虚拟表，不存储实际的数据。视图只保存定义和查询逻辑，每次查询时都会动态地从基表中获取数据。

（2）数据内容。基表包含实际的数据行和列，而视图仅包含根据查询条件生成的结果集。基表的数据是实时更新的，而视图的数据是基于基表的实时查询结果生成的。

（3）数据的修改。基表可以直接进行插入、更新和删除操作，而视图一般是只读的，不能直接对其进行修改。若视图的查询定义允许，则可以通过视图对基表进行间接的修改。

（4）数据的组织和聚合。基表通常以实体间的关系来组织和存储数据，而视图可以使用多个基表进行连接、聚合和过滤，提供更灵活的数据展示方式。

（5）安全性与权限。通过视图可以限制用户对数据的访问权限，只暴露需要的数据列或行，保护敏感数据的安全性，而基表的数据一般是完全可见的。

总的来说，基表是数据库中存储实际数据的表，而视图是基于查询结果集的虚拟表。视图提供了一种方便的方式来组织、过滤和展示数据，可以简化复杂查询，并提高数据访问的安全性和灵活性。

6.4.1 定义视图

可以使用 CREATE VIEW 语句创建视图，其命令格式如下：

```
CREATE  VIEW  <视图名>  [(<列名>  [,<列名>]…)]
AS  <子查询>
[WITH  CHECK  OPTION]
```

其中：

（1）（<列名> [，<列名>]…）表示组成视图的列名，可以全部省略或全部指定。遇到以下 3 种情况，必须全部指定列名。

1）子查询结果中某个列是聚集函数或列表达式。

2）子查询结果中有相同名字的属性列。

3）需要在视图中为某个列启用新的更合适的名字。

（2）WITH CHECK OPTION 表示对视图进行更新操作时，要保证满足子查询中的条件。

【例 6-49】创建一个软件学院学生信息的视图 SR_student，要求进行更新操作时，需保证该视图只有软件学院的学生。命令如下：

```
CREATE VIEW SR_student
AS
SELECT *
FROM Student
WHERE Sdept='软件学院'
WITH CHECK OPTION
```

运行结果如图 6-48 所示。

图 6-48　例 6-49 运行结果

若一个视图是基于一个基表的查询结果，这个结果只是去掉了基表的某些行和某些列，但保留了主码，称这类视图为行列子集视图。SR_student 视图就是一个行列子集视图。

若创建 SR_student 视图时加上了 WITH CHECK OPTION 子句，则对该视图进行更新操作时，数据库管理系统会自动加上 Sdept='软件学院' 的条件。

【例 6-50】创建一学生情况视图 S_SC_C（包括学号、姓名、课程号及成绩）。命令如下：

```
CREATE    VIEW S_SC_C(SNO,SNAME,CNO,SCORE)
AS
SELECT Student. sno,sname,cno,score
FROM Student,SC
WHERE Student. sno=SC. sno
```

运行结果如图 6-49 所示。

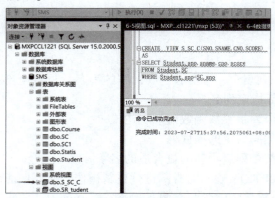

图 6-49　例 6-50 运行结果

【例 6-51】创建学生平均成绩视图 S_Avg。命令如下：

```
CREATE VIEW S_Avg (SNO,AVG_score)
AS
SELECT sno,avg(score)
FROM SC
GROUP BY sno
```

运行结果如图 6-50 所示。

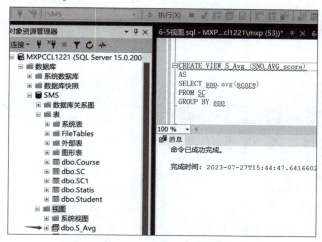

图 6-50　例 6-51 运行结果

【例 6-52】创建一个软件学院女生信息的视图 SR_F_student。命令如下：

```
CREATE VIEW SR_F_student
AS
SELECT *
FROM SR_student
WHERE ssex='女'
```

运行结果如图 6-51 所示。

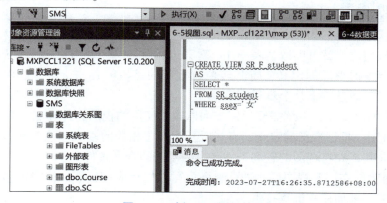

图 6-51　例 6-52 运行结果

6.4.2 删除视图

可以使用 DROP VIEW 语句删除视图，其命令格式如下：

```
DROP   VIEW   <视图名>
```

【**例 6-53**】删除软件学院学生信息的视图 SR_student。命令如下：

```
DROP   VIEW   SR_student
```

运行结果如图 6-52 所示。

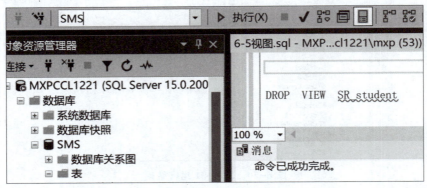

图 6-52　例 6-53 运行结果

删除视图后，只会删除该视图在数据字典中的定义，与视图有关的基表中的数据不会受到任何影响。由此视图导出的其他视图虽然也不会被删除，但已无任何意义，用户应该把这些视图逐一删除。

删除视图 SR_student 后，由它导出的视图 SR_F_student 已没有意义，因此应该使用语句 DROP VIEW SR_F_student 把此视图也删除。

6.4.3 查询视图

一旦视图被创建，就可以像基表一样，对其进行查询操作。当使用视图进行查询时，数据库管理系统会根据视图的定义，将其转换成相应的基表的查询，这个过程被称为视图消解。视图消解可以通过以下几个步骤完成。

（1）识别视图。首先，系统需要识别查询语句中使用的视图，并确定它们的定义。

（2）展开视图。根据视图的定义，将其展开为与之相关的基表。这包括将视图中的列替换为对应的基表列，并将视图的查询条件转换为基表的查询条件。

（3）查询重写。在展开视图后，进行查询重写以优化查询性能。这可能包括重新组织查询顺序、使用索引来加速查询等技术。

（4）最终执行。经过查询重写后，系统将执行转换后的查询，即针对基表的查询操作，以获取最终结果。

【6-54】查询软件学院学生信息的视图 SR_student，找出年龄小于 20 岁的学生学号、姓名。命令如下：

```
SELECT      sno,sname
FROM        SR_student
WHERE       DATEDIFF(YY, sbirth, GETDATE())<20
```

视图消解转换后的查询语句如下：

```
SELECT sno,sname
FROM    Student
WHERE   sdept='软件学院' AND DATEDIFF(YY, sbirth, GETDATE())<20
```

需要注意的是，行列子集视图可以采用视图消解法转换成基表上正确的查询，但有些复杂的视图采用视图消解法就不能正确转换了。例如，在带有聚集函数生成的视图上进行查询。

【例 6-55】在学生平均成绩视图 S_Avg 上查询平均成绩大于 80 分的学生的学号。命令如下：

```
SELECT    SNO
FROM      S_Avg
WHERE     AVG_score>80
```

采用视图消解法转换成以下命令：

```
SELECT sno
FROM    SC
WHERE   AVG(score)>80
GROUP BY sno
```

这个查询是一个错误的查询。
正确的命令如下：

```
SELECT sno
FROM    SC
GROUP BY sno
HAVING AVG(score)>80
```

可见，这个转换不是用视图消解法能实现的。

6.4.4　更新视图

一旦视图被创建，就可以像基表一样，对其进行插入、修改、删除等操作。

当使用视图进行插入、修改、删除等操作时，数据库管理系统会根据视图的定义，将其转换成对基表的更新，其命令格式与基表的命令格式相同。

1. 插入数据

【例 6-56】向软件学院学生信息视图 SR_student 中插入一条学生记录（20200842，米小咪，女，2002-06-30）。

此题不能这样操作：

```
INSERT INTO SR_student(sno,sname,ssex,sbirth)
VALUES(20200842,'米小咪','女','2002-06-30')
```

转换成对基表的插入语句：

```
INSERT INTO Student(sno,sname,ssex,sbirth)
VALUES(20200842,'米小咪','女','2002-06-30')
```

此时 sdept 的属性值为 NULL。

执行以上命令后，会提示图 6-53 所示的信息，表示运行失败。

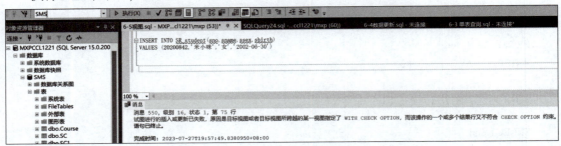

图 6-53　例 6-56 运行结果（失败）

因为视图 SR_student 中有 WITH CHECK OPTION 选项，要求插入的记录必须为"软件学院"，不能为空，也不能为除了"软件学院"的其他数值，也不会在 sdept 属性上自动补上"软件学院"属性值，所以正确的语句如下：

```
INSERT INTO SR_student(sno,sname,ssex,sbirth,sdept)
VALUES(20200842,'米小咪','女','2002-06-30','软件学院')
```

转换成对基表的插入语句：

```
INSERT INTO Student(sno,sname,ssex,sbirth,sdept)
VALUES(20200842,'米小咪','女','2002-06-30','软件学院')
```

运行结果如图 6-54 所示。

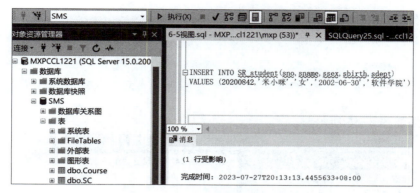

图 6-54　例 6-56 运行结果(成功)

2. 修改数据

【例 6-57】将软件学院学生信息视图 SR_student 中学号为 20200840 的学生的出生日期改为 2001-06-30。命令如下:

```
UPDATE   SR_student
SET   sbirth = '2001- 06- 30'
WHERE   sno = 20200840
```

转换成对基表的修改语句:

```
UPDATE   Student
SET   sbirth = '2001- 06- 30'
WHERE   sdept = ' 软件学院' AND  sno = 20200840
```

运行结果如图 6-55 所示。

图 6-55　例 6-57 运行结果

3. 删除数据

【例 6-58】删除软件学院学生信息视图 SR_student 中学号为 20200842 的记录。命令如下:

```
DELETE
FROM SR_student
WHERE sno = 20200842
```

转换成对基表的删除语句：

```
DELETE
FROM Student
WHERE sno=20200842 AND sdept='软件学院'
```

运行结果如图 6-56 所示。

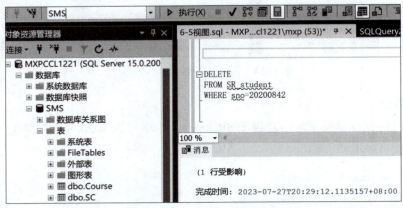

图 6-56   例 6-58 运行结果

注意：更新视图要受到一些限制和约束，并不是所有的视图都可以进行更新操作。
以下是常见的视图更新的限制。

(1)视图更新需要满足单表规则。通常情况下，只有符合单表规则的视图才可以进行更新操作。也就是说，视图的定义必须只涉及一个基表，并且满足特定的条件和操作限制。

(2)视图不能包含以下特定的关键字。在视图定义中，不能包含一些特定的关键字，如 DISTINCT、GROUP BY、HAVING、UNION、INTERSECT、EXCEPT 等。这些关键字会影响视图的可更新性。

(3)视图不能包含聚合函数和计算列。通常情况下，视图不能包含聚合函数(如 SUM( )、AVG( )、MAX( )、MIN( )等)或计算列(通过表达式计算得出的列)，因为这些函数或列的值不是基于单个记录，无法确定其具体的更新方式。

(4)视图的更新可能受到约束限制。视图的更新操作可能会受到基表和视图本身定义的约束限制，如主码约束、外码约束、其他约束等。如果更新操作违反了这些约束，将会导致失败或错误。

需要注意的是，不同的数据库管理系统对于视图的更新限制可能会略有差异，具体的限制规则可以参考相应数据库产品的文档和规范。在进行视图的更新操作时，务必确保满足相关的更新条件和限制，以保证数据的完整性和一致性。

【例 6-59】在学生平均成绩视图 S_Avg 上，将学号为 20210101 的学生的平均成绩改为 70 分。命令如下：

```
UPDATE   S_Avg
SET   AVG_score=70
WHERE SNO=20210101
```

运行以上命令后，会提示图 6-57 所示的信息，其原因是这个修改无法转换成对基表的修改。

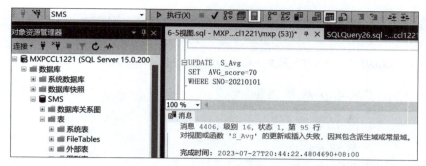

图 6-57 例 6-59 运行结果

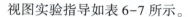实验指导

视图实验指导如表 6-7 所示。

表 6-7 视图实验指导

实验题目	视图实验				
实验时间		实验地点		实验课时	
实验目的	熟练掌握数据库 DDL，能够熟练运用 SQL 语句创建视图、修改视图、删除视图，并能使用所创建的视图实现数据管理				
实验要求	使用 SQL 语句创建普通视图以及带 WITH CHECK OPTION 的视图，验证视图 WITH CHECK OP-TION 选项的有效性。理解和掌握视图消解执行原理，掌握可更新视图和不可更新视图的区别				
实验内容	一、定义视图 1. 创建一个软件学院学生信息的视图 SR_student，要求进行更新操作时，保证该视图只有软件学院的学生。 CREATE VIEW SR_student AS SELECT * FROM Student WHERE Sdept='软件学院' WITH CHECK OPTION 2. 创建一个学生情况视图 S_SC_C(包括学号、姓名、课程号及成绩)。 CREATE VIEW S_SC_C(SNO,SNAME,CNO,SCORE) AS SELECT Student. sno,sname,cno,score FROM Student,SC WHERE Student. sno=SC. sno 3. 创建学生平均成绩视图 S_Avg。 CREATE VIEW S_Avg (SNO,AVG_score) AS SELECT sno,avg(score) FROM SC GROUP BY sno				

实验题目	视图实验

4. 创建一个软件学院女生信息的视图 SR_F_student。

```
CREATE VIEW SR_F_student
AS
SELECT *
FROM SR_student
WHERE ssex='女'
```

二、删除视图

删除软件学院学生信息的视图 SR_student。

```
DROP  VIEW  SR_student
```

注意，删除视图 SR_student 后，由它导出的视图 SR_F_student 已没有意义，因此应该使用语句 DROP VIEW SR_F_student 把此视图也删除。

三、查询视图

1. 查询软件学院学生信息的视图 SR_student，找出年龄小于 20 岁的学生学号、姓名。

```
SELECT    sno,sname
FROM      SR_student
WHERE     DATEDIFF(YY, sbirth, GETDATE())<20
```

2. 在学生平均成绩视图 S_ Avg 上查询平均成绩大于 80 分的学生的学号。

```
SELECT    SNO
FROM      S_Avg
WHERE     AVG_score>80
```

四、更新视图

1. 向软件学院学生信息视图 SR_student 中插入一条学生记录（20200842，米小咪，女，2002-06-30）。

```
INSERT INTO SR_student(sno,sname,ssex,sbirth,sdept)
VALUES(20200842,'米小咪','女','2002- 06- 30','软件学院')
```

2. 验证 WITH CHECK OPTION 选项的有效性。

```
INSERT INTO SR_student(sno,sname,ssex,sbirth,sdept)
VALUES(20200843,'米小咪','女','2002- 06- 30','电建学院')
```

3. 将软件学院学生信息视图 SR_student 中学号为 20200840 的学生的出生日期改为2001-06-30。

```
UPDATE    SR_student
SET    sbirth= '2001- 06- 30'
WHERE    sno=20200840
```

续表

实验题目	视图实验
	4. 删除软件学院学生信息视图 SR_student 中学号为 20200842 的记录。 DELETE FROM SR_student WHERE sno＝20200842 5. 验证不可更新视图：在学生平均成绩视图 S_Avg 上将学号为 20210101 的学生的平均成绩改为 70 分。 UPDATE　S_Avg SET　AVG_score＝70 WHERE SNO＝20210101
实验结果	
实验总结	

6.5　索引

索引是数据库中用于加快数据查询速度的一种数据结构。它可以帮助数据库系统快速定位和访问存储在表中的特定数据，类似于书的目录。

6.5.1　索引的特点

索引具有以下一些特点。

（1）提高数据检索速度。索引通过将数据按照特定的排序方式组织，使数据库系统能够更快地定位和访问特定数据。对于大型数据库或包含大量数据的表，使用索引可以显著提高查询的性能。

（2）加速数据排序。当查询结果需要按照索引列排序时，数据库系统可以直接利用索引的有序结构，而无须进行额外的排序操作。

（3）支持唯一性约束。索引可以定义为唯一索引，用于保证索引列的唯一性。这样可以防止重复数据的插入或更新，保持数据的完整性和准确性。

（4）对频繁查询进行优化。索引的创建通常是基于对表的频繁查询操作进行优化。通过分析查询操作的特点和需求，选择适当的列作为索引，可以有效提高相关查询的性能。

需要注意的是，索引的创建需要占用一定的存储空间，并且会增加数据插入、更新和删除的开销。因此，在设计索引时，需要权衡查询性能和数据修改的频率，并选择合适的列和索引类型。此外，索引也需要定期维护和更新以保持其效果，避免由于数据变动而导致的索引失效或性能下降。

6.5.2　索引的类型

常见的索引类型包括以下几种。

（1）B 树索引（B-tree Index）：最常见和默认的索引类型，适用于大多数情况。它使用自平衡的 B 树数据结构，对索引列进行排序和组织，可以支持范围查询和快速的精确查找。

（2）唯一索引（Unique Index）：用于保证索引列的唯一性，避免重复数据的插入。它在创建时会自动检查索引列的唯一性，并在修改操作时进行验证。

（3）主码索引（Primary Key Index）：一种特殊的唯一索引，用于标识表中的唯一记录。主码索引必须具有唯一性且不允许为空，方便快速定位和访问特定记录。

（4）聚集索引（Clustered Index）：指定了表的物理存储顺序，并按照索引列的排序方式组织数据。一个表只能有一个聚集索引，它决定了表中数据的物理排列方式，通常与主码相关联。

（5）次要索引（Secondary Index）：也称为辅助索引或非聚集索引，是基于表的非主码列创建的索引。它可以加快对特定列的查询速度，但在查找记录时，仍需要先通过聚集索引或主码索引定位。

（6）全文索引（Full-Text Index）：用于在文本字段中进行全文搜索。它可以对文本内容进行分词和索引，支持关键词搜索、模糊匹配和相关性排序等功能。

此外，还有一些特殊的索引类型和实现方式，如哈希索引（Hash Index）、空间索引（Spatial Index）和位图索引（Bitmap Index）等，它们针对特定类型的数据或查询场景进行了优化。

6.5.3　创建索引

可以使用 CREATE INDEX 语句创建索引，其命令格式如下：

```
CREATE [UNIQUE] [CLUSTER] [NONCLUSTERED] INDEX <索引名>
ON <表名>(<列名>[<次序>][,<列名>[<次序>]]…)
```

其中：
（1）UNIQUE 表示要创建的索引是唯一索引。
（2）CLUSTER 表示要创建的索引是聚集索引。

（3）NONCLUSTERED 表示要创建的索引是非聚集索引。

（4）<列名>表示索引可以建立在表的一列或多列上，各列名之间用逗号分隔。

（5）<次序>表示索引值的排列次序，升序为 ASC，降序为 DESC，默认为 ASC。

【例 6-60】为 Student 表按学号升序建唯一索引，按姓名升序建非聚集索引（聚集索引在建表时已经通过主码由数据库管理系统自动创建）。命令如下：

```
CREATE UNIQUE INDEX    Stusno ON Student(sno)
CREATE NONCLUSTERED INDEX    Stusname ON Student(sname)
```

运行结果如图 6-58 所示。（图中左下角显示了 Student 表建立了 3 个索引：第一个是聚集索引 PK_Student，其他两个是本例中建立的索引。）

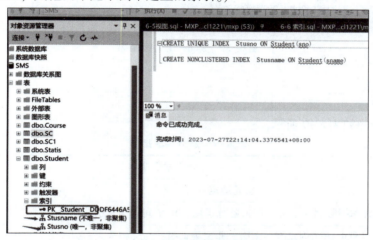

图 6-58　例 6-60 运行结果

6.5.4　删除索引

索引建立后，一般由数据库管理系统自动维护更新，无须人为干预。但有时为了提高系统效率，可能需要对索引进行修改。例如，当索引数据量过大或占用的存储空间超过预期时，需要对索引进行修改，以减少存储空间的占用。

要修改一个已经存在的索引，一般要先删除原有索引，然后创建新的索引。删除索引采用 DROP INDEX 语句实现，其语句格式如下：

```
DROP INDEX <索引名> ON <表名>
```

【例 6-61】删除 Student 表上的非聚集索引 Stusname。命令如下：

```
DROP INDEX Stusname ON Student
```

运行结果如图 6-59 所示，可见左下角已经没有 Stusname 索引。

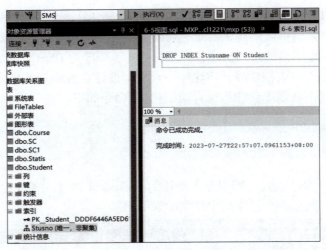

图 6-59　例 6-61 运行结果

实验指导

索引实验指导如表 6-9 所示。

表 6-9　索引实验指导

实验题目	索引实验				
实验时间		实验地点		实验课时	
实验目的	熟练掌握数据库 DDL，能够熟练运用 SQL 语句创建索引、删除索引				
实验要求	使用 SQL 语句创建唯一索引、非聚集索引，理解和掌握索引的特点与作用				
实验内容	一、创建索引 　　为 Student 表按学号升序创建唯一索引，按姓名升序创建非聚集（聚集索引在建表时已经通过主码由数据库管理系统自动创建）。 　　CREATE UNIQUE INDEX　Stusno ON Student(sno) 　　CREATE NONCLUSTERED INDEX　Stusname ON Student(sname) 二、删除索引 　　删除 Student 表上的非聚集索引 Stusname。 　　DROP INDEX Stusname ON Student				
实验结果					
实验总结					

第7章 数据库的安全性

学习目标

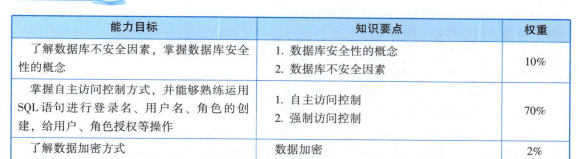

能力目标	知识要点	权重
了解数据库不安全因素，掌握数据库安全性的概念	1. 数据库安全性的概念 2. 数据库不安全因素	10%
掌握自主访问控制方式，并能够熟练运用SQL语句进行登录名、用户名、角色的创建，给用户、角色授权等操作	1. 自主访问控制 2. 强制访问控制	70%
了解数据加密方式	数据加密	2%
掌握数据库审计规范的设置、启用、停用以及审计规范规则的创建与删除	1. 审计规范的设置、启用、停用 2. 审计规范规则的创建与删除	18%

　　随着信息化时代的发展，数据库的使用越来越广泛，数据库的安全性也越来越重要。许多网络应用程序依赖后端数据库来存储用户信息、交易记录等数据。保护数据库的安全性对于保护用户隐私和防止黑客攻击至关重要。政府部门和公共机构通常需要处理大量敏感信息，如国民身份信息、税务记录、健康档案等，数据库安全是确保政府部门和公共机构遵守隐私法规、防止数据泄露以及维护公共信任的重要因素。银行、保险公司和其他金融机构处理大量的金融交易、客户账户和支付信息等敏感数据，数据库安全是防止恶意活动（如欺诈和盗窃）以及确保金融数据的完整性和可用性的关键。

　　综上所述，数据库安全性的应用范围非常广泛，几乎涉及所有需要存储、管理和保护敏感数据的组织和行业。无论是政府部门、公共机构，还是金融机构，都需要重视数据库安全，并采取适当的措施来保护数据库中的数据。

7.1　数据库安全性的概念

　　数据库安全性是指对数据库进行保护，以防止未经授权的访问、数据泄露、数据损坏或其他恶意行为。

数据库的不安全因素包括以下几个方面。

（1）未经授权的访问。未经授权的用户或恶意攻击者获取数据库的访问权限，可能会导致数据被篡改、泄露或删除。

（2）弱密码和身份认证。使用弱密码、共享账户、缺乏多因素身份认证等，容易使数据库系统的身份验证机制变得脆弱，从而被攻击者轻易绕过进行非法访问。

（3）缺乏访问控制。没有明确的访问控制策略和机制，或者配置不正确，可能导致未授权的用户获取对敏感数据的访问权限。

（4）数据库漏洞和错误配置。数据库管理系统本身存在漏洞或错误的配置，攻击者可以利用这些漏洞进行未授权的操作或绕过安全措施。

（5）不完善的日志和审计。数据库管理系统缺乏有效的日志和审计功能，无法对数据库操作进行全面追踪和监控，可能导致无法及时发现和应对安全事件。

（6）数据传输和存储的不安全性。在数据传输和存储过程中，如果没有采取加密措施，数据可能会被窃取、篡改或拦截，造成数据泄露或被非法获取。

（7）内部威胁。内部员工或合作伙伴的不当行为、滥用权限或疏忽大意，可能导致数据泄露、篡改或删除等安全问题。

（8）不及时的安全补丁和更新。未及时应用数据库厂商发布的安全补丁和更新，使已知漏洞得不到修复，可能增加被攻击的风险。

（9）社会工程和钓鱼攻击。攻击者利用社交工程手段和钓鱼邮件等方式，诱导用户泄露数据库访问凭证或敏感信息。

为减少数据库的不安全因素，应采取一系列的安全措施，包括且不限于：强密码策略、细粒度的访问控制、定期的安全审计、加密数据传输与存储、及时应用补丁和更新、安全意识培训等。

7.2 数据库安全性控制

数据库安全性包括以下几个方面的要求。

（1）机密性。数据库中的数据只能被授权用户或角色访问，不得被未经授权的人员获取。这可以通过身份验证、访问控制、加密等手段来实现。

（2）可用性。数据库系统应该在需要时可供使用，即时响应用户的请求。为了实现数据库的可用性，需要采取措施来防止服务中断、硬件故障、软件错误等问题，并确保数据库系统的高可用性和冗余备份。

（3）可审计性。数据库的安全性还包括对数据库操作进行审计和监控的能力，以便追踪和检测潜在的安全威胁或违规行为。这包括记录和分析用户的访问日志、事务日志等信息。

为了实现数据库安全性，需要采取一系列措施对数据库进行控制。

数据库管理系统为了保护数据库系统中的数据和资源安全，提供了以下几种安全性控制模型。

1. 访问控制模型（Access Control Models）

（1）强制访问控制：基于标签或等级的安全模型，使用类似于密钥的标签来限制对对象的访问。

（2）自主访问控制：基于主体对对象的所有权和访问权限来控制访问。

2. 审计模型（Audit Models）

（1）审计日志：记录数据库操作的详细信息，用于追溯、调查和分析可能的安全事件。

（2）审计策略：定义哪些操作需要被审计、审计记录的存储方式以及可用于分析和报告的工具和技术。

3. 密码学模型（Cryptography Models）

（1）数据加密：通过对数据库中的敏感数据进行加密保护来确保数据的机密性。

（2）数字签名：通过数字算法为数据提供身份验证和完整性保护，防止数据被篡改。

4. 安全评估模型（Security Evaluation Models）

（1）敏感数据梳理技术：通过扫描给定 IP 段设备流量信息检测数据，核实数据信息及分布，发现数据库分布，通过预制发现规则发现敏感数据，对其敏感数据分级分类，呈现可视化敏感数据分布，通过对 SQL 语句量和会话并发量判断数据使用热度。该技术的价值在于能够帮助用户梳理数据资产分布、数据资产使用情况，数据量级、访问权限，职责部门，角色设定等内容，从而使用户对数据状况有清晰认识，并指导数据安全保护措施的落地。

（2）数据库漏洞扫描技术：专门对数据库系统进行自动化安全评估的专业技术，通过数据库漏洞扫描能够有效地评估数据库系统的安全漏洞和威胁并提供修复建议。该技术的主要价值在于发现外部黑客攻击漏洞，防止外部攻击，实现非授权的从外到内的检测；模拟黑客使用的漏洞发现技术，在没有授权的情况下，对目标数据库的安全性作深入的探测分析；收集外部人员可以利用的数据库漏洞的详细信息；分析内部不安全配置，防止越权访问，通过只读账户，实现由内到外的检测；提供现有数据的漏洞透视图和数据库配置安全评估；避免内外部的非授权访问；监控数据库安全状况，防止数据库安全状况恶化，对数据库进行定期扫描，对所有安全状况发生的变化进行报告和分析。

7.3　访问控制模型

数据库的访问控制是指确保数据库只能被授权的用户或角色访问。访问控制主要有两种方式，即自主访问控制与强制访问控制。

7.3.1　自主访问控制

自主访问控制（Discretionary Access Control，DAC）是一种常见的访问控制模型，它允许数据库、文件、数据表等的所有者或管理员决定给其他用户分配其相应的访问权限。在自主访问控制模型中，每个主体（如用户、进程）都有自己的访问控制列表（Access Control List，ACL）来定义对资源的权限。

1. 登录和用户管理

数据库管理员通过创建登录账户和数据库用户来管理用户访问。登录账户用于验证用户身份，而数据库用户与登录账户关联，并分配了特定的权限和角色。

SQL Server 2019 提供了以下两种不同的身份验证模式，以确定用户如何进行身份验证来访问数据库。

（1）Windows 身份验证模式。使用操作系统的 Windows 身份验证来验证用户的身份，当用户登录到 SQL Server 时，他们的 Windows 账户信息会被用于身份验证。这种模式适用于在企业中使用域账户进行身份验证。Windows 身份验证的优点如下。

①利用现有的 Windows 域进行身份验证，可以充分利用和管理已有的 Windows 用户和组，不需要在 SQL Server 上单独创建和维护数据库账户。

②使用 Windows 域的安全机制进行身份验证，可以确保较高的安全性，包括强密码策略、域级别的访问控制等。

（2）SQL Server 身份验证模式。要求用户提供用户名和密码进行身份验证，而不依赖操作系统的身份验证。管理员需要在 SQL Server 上创建用户账户及其对应的密码，并授予所需的访问权限。这种模式通常适用于客户端应用程序需要连接到 SQL Server 的情况。SQL Server 身份验证的优点如下。

①不依赖 Windows 域，可以在 SQL Server 上独立创建和管理数据库账户，适用于没有 Windows 域环境或需要独立管理数据库账户的情况。

②具有较高的灵活性。各种应用程序和服务都可以使用独立的 SQL Server 账户进行连接和身份验证，而不需要依赖 Windows 域。

③SQL Server 身份验证可以支持跨多个平台和操作系统进行连接，而不仅限于 Windows 操作系统。

身份验证模式可以在 SQL Server 安装过程中进行选择，并且可以在之后进行更改。通常情况下，在企业环境中，使用 Windows 身份验证模式是首选，因为它利用了现有的域账户和集中的身份管理。而在一些非域环境或需要与外部应用程序进行集成时，SQL Server 身份验证模式可能更适合，因为它提供了独立于操作系统的身份验证机制。

2. 创建服务器登录名

创建登录名的 SQL 格式。命令格式如下：

```
CREATE LOGIN［LoginName］WITH PASSWORD = 'Password'
```

其中：

（1）［LoginName］是要创建的登录名。

（2）Password 是设置的密码。

【例 7-1】为数据库 SMS 创建登录名 USER1，密码为 12345456；创建登录名 USER2，密码为 USER2#。命令如下：

```
CREATE LOGIN USER1 WITH PASSWORD='12345456'
CREATE LOGIN USER2 WITH PASSWORD='USER2#'
```

运行结果如图 7-1 所示，注意图中左下角与左上角箭头指向的部分。

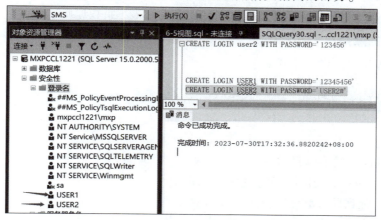

图 7-1　例 7-1 运行结果

3. 将服务器角色赋予登录名

要将服务器角色授权给登录名，可以使用以下命令：

ALTER SERVER ROLE［ServerRoleName］ADD MEMBER［LoginName］；

其中：

（1）［ServerRoleName］是服务器角色的名称。

（2）［LoginName］是要授权的登录名。

【例 7-2】为数据库 SMS 登录名 USER1 赋予服务器角色 sysadmin，为登录名 USER2 赋予服务器角色 dbcreator。命令如下：

ALTER SERVER ROLE sysadmin ADD MEMBER USER1
ALTER SERVER ROLE dbcreator ADD MEMBER USER2

运行结果如图 7-2 所示。

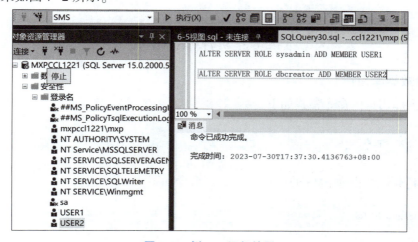

图 7-2　例 7-2 运行结果

注意：执行此操作需要具有适当的权限，确保以具有足够权限的管理员身份连接 SQL Server，并谨慎授予服务器角色权限，以确保安全性和最小特权原则。

4. 创建数据库用户

创建数据库用户的命令格式如下：

CREATE USER［UserName］FOR LOGIN［LoginName］

其中：

（1）［UserName］是要创建的用户名，一般与登录名同名。

（2）［LoginName］是先前已经创建好的登录名。

【例 7-3】为数据库 SMS 创建用户名 USER1，登录名为 USER1；创建用户名 USER2，登录名为 USER2。命令如下：

CREATE USER USER1 FOR LOGIN USER1
CREATE USER USER2 FOR LOGIN USER2

运行结果如图 7-3 所示，注意图中左下角与左上角箭头指向的部分。

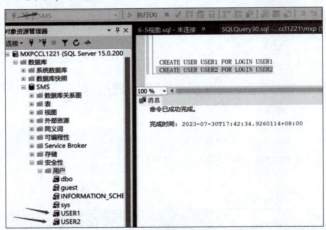

图 7-3　例 7-3 运行结果

5. 删除数据库用户

删除数据库用户的命令格式如下：

DROP USER <username>

【例 7-4】删除数据库 SMS 的用户 USER2。命令如下：

DROP USER USER2

运行结果如图 7-4 所示。

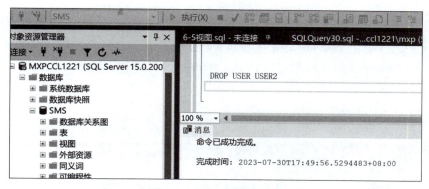

图7-4 例7-4运行结果

6. 授权与回收权限

（1）授权。

在 SQL Server 中，给用户授权通常涉及两个方面：数据库级别的权限和对象级别的权限。

授予数据库级别的权限的命令格式如下：

GRANT［Permission］TO［UserName］

授予对象级别的权限的格式：

GRANT［Permission］ON［ObjectName］TO［UserName］

其中：

1）［Permission］是要授予的权限，可以是数据库级别或对象级别的权限。

2）［UserName］是要被授权的用户名。

3）［ObjectName］是要被授权的对象名称（如表名、视图名等）。

【例7-5】将数据库 SMS 的 SELECT、INSERT、UPDATE、DELETE 权限授予用户 USER1。命令如下：

GRANT SELECT, INSERT, UPDATE, DELETE TO USER1

运行结果如图7-5所示。

图7-5 例7-5运行结果

【例7-6】将数据库 SMS 的 Student 表上的 SELECT、INSERT、UPDATE、DELETE 权限授予用户 USER2。因为在例7-4中把用户 USER2 删除了，所以这里先创建用户 USER2，再授权。命令如下：

```
CREATE USER USER2 FOR LOGIN USER2
GRANT SELECT, INSERT, UPDATE, DELETE ON Student TO USER2
```

运行结果如图 7-6 所示。

图 7-6　例 7-6 运行结果

双击图 7-7 中箭头指向的 USER2 用户，可以查看它的权限，如图 7-7 所示。

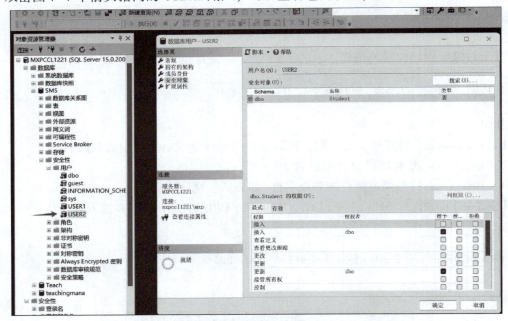

图 7-7　查看用户权限

（2）回收权限。

在 SQL Server 中，回收用户权限通常也涉及两个方面：数据库级别的权限和对象级别的权限。

回收数据库级别的权限的命令格式如下：

```
REVOKE［Permission］FROM［UserName］
```

回收对象级别的权限的命令格式如下：

REVOKE［Permission］ON［ObjectName］FROM［UserName］

【例 7-7】回收用户 USER1 对数据库 SMS 的 INSERT 权限。命令如下：

REVOKE INSERT FROM USER1

运行结果如图 7-8 所示。

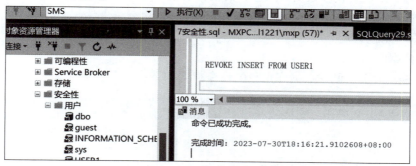

图 7-8　例 7-7 运行结果

【例 7-8】回收用户 USER2 在 Student 表上的 UPDATE 权限。命令如下：

REVOKE　UPDATE ON Student FROM USER2

运行结果如图 7-9 所示。

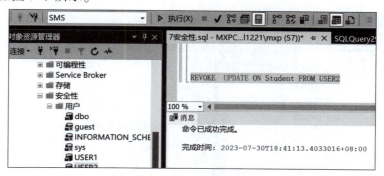

图 7-9　例 7-8 运行结果

7. 数据库角色

（1）内置数据库角色。

在 SQL Server 中，有一些内置的数据库角色，它们具有不同的权限和功能。下面介绍一些常见的 SQL Server 数据库角色。

1）sysadmin：SQL Server 中具有最高权限的角色，成员可以执行所有操作并具有完全的系统管理员权限。

2）db_owner：具有数据库级别的所有权限，包括创建、修改、删除和更改数据库对象的权限。

3）db_datareader：允许成员对数据库中的所有表和视图进行读取操作。

4）db_datawriter：允许成员对数据库中的所有表进行写入操作，包括插入、更新和删除数据。

5）db_executor：允许成员执行存储过程和函数，但不允许直接访问表和视图。

6）db_accessadmin：允许成员管理数据库级别的访问权限，包括添加和删除数据库用户。

除了这些内置角色，还可以创建自定义的数据库角色，并根据需要分配特定的权限。创建自定义角色后，可以使用 ALTER ROLE 语句来分配权限给角色的成员。

注意：为了创建或管理数据库角色，需要具有适当的权限，通常情况下，只有数据库管理员或系统管理员才具备这些权限。

（2）数据库角色管理。

1）创建数据库角色。

在 SQL Server 中，创建数据库角色的命令格式如下：

CREATE ROLE role_name［AUTHORIZATION owner_name］

其中：

①role_name 是要创建的数据库角色的名称。

②owner_name 是指定角色所有者的名称。若不指定 AUTHORIZATION 子句，则默认的角色所有者是当前用户。

【例 7-9】创建名为 MyRole 的数据库角色。命令如下：

CREATE ROLE MyRole

运行结果如图 7-10 所示。

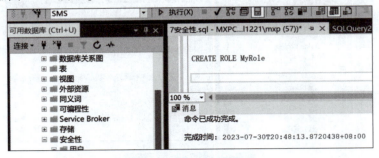

图 7-10　例 7-9 运行结果

2）角色授权。

在 SQL Server 中，可以使用 GRANT 语句给数据库角色授权。授权包括对数据库对象（如表、视图、存储过程等）的权限控制以及对其他角色的成员资格的控制。其命令格式如下：

GRANT <权限> ON <对象类型>.<对象名称> TO <角色名称>

其中：

①<权限>是要授予的权限，可以是 SELECT、INSERT、UPDATE、DELETE 等。

②<对象名称>是要授权的对象的名称。

③<角色名称>是接收权限的角色的名称。

【例 7-10】将 Student 表的 SELECT 权限授予角色 MyRole。命令如下：

```
GRANT SELECT ON dbo. Student TO MyRole
```

运行结果如图 7-11 所示。

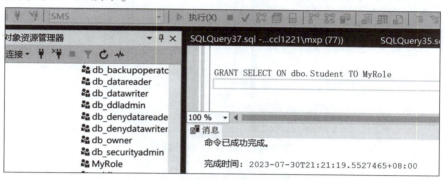

图 7-11　例 7-10 运行结果

还可以将一个角色添加到另一个角色中，使其成为另一个角色的成员，或者将一个角色授权给用户，其命令格式如下：

```
ALTER ROLE <角色名称> ADD MEMBER <成员角色名称/用户名>
```

【例 7-11】将角色 MyRole 添加为角色 AnotherRole 的成员。

因为数据库 SMS 中还没有 AnotherRole 这个角色，所以先建立一个 AnotherRole 角色，然后将角色 MyRole 添加为角色 AnotherRole 的成员。命令如下：

```
CREATE ROLE AnotherRole
ALTER ROLE AnotherRole ADD MEMBER MyRole
```

运行结果如图 7-12 所示。

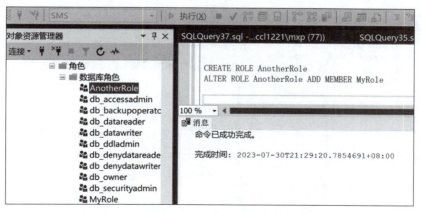

图 7-12　例 7-11 运行结果

【例 7-12】将角色 AnotherRole 授权给 USER2 用户。命令如下：

ALTER ROLE AnotherRole ADD MEMBER USER2

运行结果如图 7-13 所示。

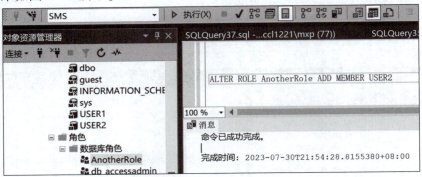

图 7-13　例 7-12 运行结果

在创建和管理数据库角色时，应确保具有足够的权限，并且按照数据库管理员或系统管理员的身份登录到 SQL Server Management Studio（SSMS）。

3）回收角色权限。

在 SQL Server 中，可以使用 REVOKE 语句回收数据库角色的权限。回收权限将取消角色对特定对象的访问或操作权限。其命令格式如下：

REVOKE <权限> ON <对象名称> FROM <角色名称>

其中：

①<权限>是要回收的权限，可以是 SELECT、INSERT、UPDATE、DELETE 等。

②<对象名称>是要回收权限的对象的名称。

③<角色名称>是要从中回收权限的角色的名称。

【例 7-13】回收角色 MyRole 对表 Student 的 SELECT 权限。命令如下：

REVOKE SELECT ON Student FROM MyRole

运行结果如图 7-14 所示。

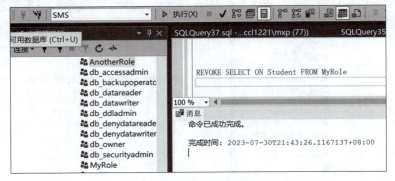

图 7-14　例 7-13 运行结果

还有一种回收权限的方法是从另一个角色中回收成员角色，或者回收用户获得的角色。其命令格式如下：

ALTER ROLE <角色名称> DROP MEMBER <成员角色名称/用户名>

【例 7-14】回收角色 AnotherRole 的成员角色 MyRole。命令如下：

ALTER ROLE AnotherRole OROP MEMBER MyRole

运行结果如图 7-15 所示。

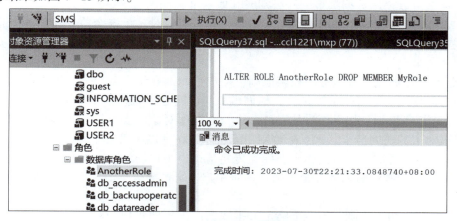

图 7-15 例 7-14 运行结果

【例 7-15】回收用户 USER2 的角色 MyRole。命令如下：

ALTER ROLE MyRole DROP MEMBER USER2

运行结果如图 7-16 所示。

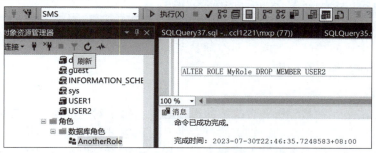

图 7-16 例 7-15 运行结果

注意：在执行此操作之前，应确保用户和角色已经存在，并且具有适当的权限来执行此操作。

自主访问控制模型的优点是简单和灵活，因为访问权限由资源的所有者或管理员决定，所以可以根据具体需求进行调整。然而，由于权限由主体控制，可能存在权限管理不当、信息泄露和滥用权限的风险。

7.3.2　强制访问控制

数据库强制访问控制（Mandatory Access Control，MAC）是在数据库管理系统中实施的一种安全机制，用于管理和控制对数据库对象（如表、视图、过程等）的访问权限。数据库强制访问控制的规则是根据系统管理员预先设定的安全策略和权限标签来约束用户对数据库对象的访问权限。强制访问控制在多个领域得到应用，包括政府、军事和商业组织等。

在数据库中，实施强制访问控制通常需要以下步骤。

（1）标记敏感信息。为数据库中的各个数据对象（表、字段等）和用户分配安全等级或标签。这些标签可以表示数据的机密性级别或其他安全属性。

（2）安全等级匹配规则。当用户请求访问数据库对象时，系统会检查用户的安全等级或标签与该对象的安全等级是否匹配。只有在用户的安全等级不高于数据库对象的安全等级时，访问才会被允许。

（3）最小权限原则。根据最小权限原则，用户只能拥有访问其工作所需的数据库对象的最低权限。即使用户的工作范围扩大，他们也只能访问必要的数据和操作。

（4）隐式拒绝规则。如果用户的安全等级与数据库对象的安全等级不匹配，系统会隐式拒绝其对该对象的访问请求。这意味着用户无法越权访问高于其安全等级的数据。

（5）标签传递规则。在数据库中，标签传递是指当用户访问一个对象时，系统会检查该对象及其相关联的其他对象的安全等级。如果用户的安全等级不适用于这些相关对象，系统将拒绝访问请求。

（6）安全策略约束规则。安全策略定义了数据库中不同用户和对象之间的访问规则。这些规则可以限制用户对数据的读取、写入和执行操作，以及控制不同安全等级之间的交互。

需要注意的是，具体的数据库强制访问控制规则的实施方式可能因数据库管理系统的不同而有所差异。管理员在配置和管理数据库的强制访问控制规则时，应根据实际需求和最佳实践进行设计，并确保合规性和数据安全性。

7.3.3　自主访问控制与强制访问控制的区别

数据库的自主访问控制与强制访问控制是两种不同的访问控制机制，它们在授权方式、控制策略和安全性上都存在区别。

1. 授权方式

自主访问控制是一种基于所有者决策的授权方式，每个对象的所有者都可以自行决定谁可以访问该对象以及访问权限的级别。所有者拥有对对象进行授权和撤销授权的权力。

强制访问控制是一种中央控制的授权方式，授权决策不是由对象的所有者，而是由系统管理员根据预先设定的安全策略和规则来进行的。

2. 控制策略

自主访问控制的控制策略相对较灵活，由数据对象的所有者自行决策。每个对象的所有者可以根据其需求和判断，授权给其他用户特定的权限，如读取、写入和执行等。这使对象的访问控制在一定程度上依赖用户的决策和行为。

强制访问控制的控制策略比较严格，是由预先设定的安全策略和规则所决定的，每个用户只能访问其安全等级允许的对象和数据。这种控制策略不依赖用户的个人判断和决策，而是统一应用到整个数据库系统中。

3. 安全性

自主访问控制的安全性相对较低，因为访问权限的决策权在数据对象的所有者手中，如果所有者授权不当或被恶意篡改，可能导致安全漏洞。

强制访问控制提供了更高级别的安全性，因为访问权限的决策由严格的安全策略和规则控制，用户无法越权访问高于其安全等级的数据。

综上所述，自主访问控制和强制访问控制在授权方式、控制策略和安全性上存在明显的区别。用户选择使用哪种访问控制机制，需要根据具体情况和安全需求进行评估和决策。在某些情况下，两种机制可以结合使用，以提供更全面的访问控制和安全保护。

实验指导

自主访问控制实验指导如表 7-1 所示。

表 7-1　自主访问控制实验指导

实验题目	自主访问控制实验			
实验时间		实验地点		实验课时	
实验目的	掌握自主访问控制权限的定义和维护方法			
实验要求	掌握用户，角色，分配权限给用户、角色，回收权限，以相应的用户名登录数据库验证权限分配是否正确			

实验内容	一、创建服务器登录名
	
	　　为数据库 SMS 创建登录名 USER1，密码为 12345456；创建登录名 USER2，密码为 USER2#。
	
	　　`CREATE LOGIN USER1 WITH PASSWORD='12345456'`
	　　`CREATE LOGIN USER2 WITH PASSWORD='USER2#'`
	
	二、将服务器角色赋予登录名
	
	　　为数据库 SMS 登录名 USER1 赋予服务器角色 sysadmin，为登录名 USER2 赋予服务器角色 dbcreator。
	
	　　`ALTER SERVER ROLE sysadmin ADD MEMBER USER1`
	　　`ALTER SERVER ROLE dbcreator ADD MEMBER USER2`
	
	三、创建数据库用户
	
	　　为数据库 SMS 创建用户名 USER1，登录名为 USER1；创建用户名 USER2，登录名为 USER2。
	
	　　`CREATE USER USER1 FOR LOGIN USER1`
	　　`CREATE USER USER2 FOR LOGIN USER2`
	
	四、删除数据库用户
	　　删除数据库 SMS 的用户 USER2。
	
	　　`DROP USER USER2`			

实验题目	自主访问控制实验
	五、授权 1. 将数据库 SMS 的 SELECT、INSERT、UPDATE、DELETE 权限授予用户 USER1。 GRANT SELECT, INSERT, UPDATE, DELETE TO USER1 2. 将数据库 SMS 的 Student 表上的 SELECT、INSERT、UPDATE、DELETE 权限授予用户 USER2。 GRANT SELECT, INSERT, UPDATE, DELETE ON Student TO USER2 六、回收权限 1. 回收用户 USER1 对数据库 SMS 的 INSERT 权限。 REVOKE INSERT FROM USER1 2. 回收用户 USER2 在 Student 表上的 UPDATE 权限。 REVOKE UPDATE ON Student FROM USER2 七、创建数据库角色 1. 创建名为 MyRole 的数据库角色。 CREATE ROLE MyRole 2. 创建名为 AnotherRole 的数据库角色。 CREATE ROLE AnotherRole 八、角色授权 1. 将 Student 表的 SELECT 权限授予角色 MyRole。 GRANT SELECT ON dbo. Student TO MyRole 2. 将角色 MyRole 添加为角色 AnotherRole 的成员。 ALTER ROLE AnotherRole ADD MEMBER MyRole 3. 将角色 MyRole 授权给 USER2 用户。 ALTER ROLE AnotherRole ADD MEMBER USER2 九、回收角色权限 1. 回收角色 MyRole 对表 Student 的 SELECT 权限。 REVOKE SELECT ON Student FROM MyRole 2. 回收角色 AnotherRole 的成员角色 MyRole。 ALTER ROLE AnotherRole DROP MEMBER MyRole 3. 回收用户 USER2 的角色 MyRole。 ALTER ROLE MyRole DROP MEMBER USER2

续表

实验题目	自主访问控制实验
实验结果	
实验总结	

7.4 审计模型

数据库审计是指对数据库系统中的操作和事件进行监视、记录和审查的过程。通过数据库审计，可以追踪用户访问信息、查看对数据库对象的操作，以及检测潜在的安全风险和违规行为。

7.4.1 审计内容

数据库审计通常包括以下内容。

（1）登录和认证审计：记录用户登录和认证过程的信息，包括用户名、日期、时间、IP地址等，用于跟踪用户的身份验证情况。

（2）操作审计：记录对数据库对象的操作，如查询、插入、更新、删除等，包括操作者、操作时间、执行的 SQL 语句等详细信息。

（3）数据变更审计：记录对数据库中数据进行修改的操作，包括被修改的数据、修改前后的值等，用于追踪数据的变更历史。

（4）安全权限审计：记录与数据库安全权限相关的操作，如用户的授权和撤销、角色的管理、权限的变更等，用于保证权限的合规性和安全性。

（5）异常事件审计：记录异常事件，如非法访问、拒绝访问、错误登录尝试等，用于检测潜在的安全威胁和入侵行为。

（6）数据备份和还原审计：记录数据库备份和还原操作的信息，包括备份时间、还原源、还原目标等，用于恢复数据和保证数据的可靠性。

为了有效进行数据库审计，应当制定合适的审计策略、选择适当的审计工具，并确保审计日志的保密性、完整性和可用性。此外，还需要遵守相关的法律法规和隐私政策，确保审计过程满足合规要求。

7.4.2 审计目的

数据库审计的目的包括以下几个。

(1)安全追溯:通过审计记录,可以追踪敏感数据的访问和操作者的身份,以便在发生安全事件时进行调查和追责。

(2)合规性要求:许多行业有严格的合规性要求,如金融、医疗等领域,数据库审计可以帮助用户满足合规性监管的要求。

(3)异常检测:通过对异常事件的审计,可以及时发现潜在的安全风险和违规行为。

(4)性能优化:审计记录还可以用于分析数据库的使用情况,从而帮助用户识别性能瓶颈和优化机会。

7.4.3 配置管理审计

在 SQL Server 中,可以使用以下语句来配置和管理审计。

1. 创建审计规范

创建审计规范的语句格式如下:

```
CREATE SERVER AUDIT audit_name
TO { FILE | APPLICATION_LOG | SECURITY_LOG } (file_path_or_log_name)
[ WITH ( <option_list> ) ]
```

其中:

(1)audit_name 是要创建的审计规范的名称。

(2)TO 指定了审计日志的目标,可以是文件(FILE)、应用程序日志(APPLICATION_LOG)或 Windows 安全事件日志(SECURITY_LOG)。

(3)file_path_or_log_name 是日志文件的路径(文件目标)或日志名称(应用程序日志或安全事件日志目标)。

(4)<option_list>是一组可选项,用于进一步配置审计规范,如 MAXSIZE、MAX_ROLLOVER_FILES、RESERVE_DISK_SPACE 等。

【例 7-16】在 MASTER 数据库中创建审计规范 Audit-20230731-004428,要求审计日志存放在"D:\数据库原理及应用教程\"中,审核文件大小无限制,文件大小无限制,不保留磁盘空间。命令如下:

```
USE [master]
GO
CREATE SERVER AUDIT [Audit- 20230731- 004428]
TO FILE
(FILEPATH = N'D:\数据库原理及应用教程\'
    ,MAXSIZE = 0 MB
    ,MAX_ROLLOVER_FILES = 2147483647
    ,RESERVE_DISK_SPACE = OFF)
```

运行结果如图 7-17 所示。

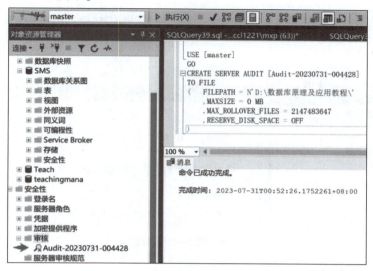

图 7-17　例 7-16 运行结果

2. 启用审计规范

启用审计规范的语句格式如下：

```
ALTER SERVER AUDIT audit_name WITH (STATE = ON);
```

【例 7-17】启用审计规范 Audit-20230731-004428。命令如下：

```
ALTER SERVER AUDIT［Audit- 20230731- 004428］WITH (STATE = ON)
```

运行结果如图 7-18 所示。

图 7-18　例 7-17 运行结果

3. 停用审计规范

停用审计规范的语句格式如下：

```
ALTER SERVER AUDIT audit_name WITH (STATE = OFF)
```

【例7-18】停用审计规范 Audit-20230731-004428。命令如下：

> ALTER SERVER AUDIT［Audit- 20230731- 004428］WITH (STATE = OFF)

运行结果如图7-19所示。

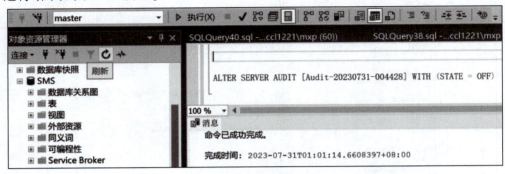

图7-19 例7-18运行结果

4. 创建审计规范的规则

创建审计规范的规则的语句格式如下：

> CREATE DATABASE AUDIT SPECIFICATION <audit_specification_name>
> FOR SERVER AUDIT <audit_name>
> {
>   ADD (object_class_type, object_name, action_type),
> }

其中：

（1）audit_specification_name 是要创建的审计规范规则的名称。

（2）audit_name 是用于审计的服务器审计名称。

（3）object_class_type 是要审计的对象类别，如 DATABASE、SCHEMA、TABLE、VIEW 等。

（4）object_name 是要审计的对象名称。

（5）action_type 是要审计的操作类型，如 SELECT、INSERT、UPDATE、DELETE 等。

【例7-19】创建审计规范的规则 ServerAuditSpecification-20230731-010335 给审计规范 Audit-20230731-004428，审计对象为 DATABASE_LOGOUT_GROUP。命令如下：

> CREATE SERVER AUDIT SPECIFICATION［ServerAuditSpecification- 20230731- 010335］
> FOR SERVER AUDIT［Audit- 20230731- 004428］
> ADD(DATABASE_LOGOUT_GROUP)
> WITH(STATE = OFF)

运行结果如图7-20所示。

图 7-20 例 7-19 运行结果

5. 删除审计规范的规则

删除审计规范的规则的命令格式如下：

```
ALTER DATABASE AUDIT SPECIFICATION audit_specification_name
FOR SERVER AUDIT audit_name
{
    DROP (object_class_type, object_name, action_type),
}
```

【例 7-20】删除审计规范的规则 ServerAuditSpecification-20230731-010335。命令如下：

```
DROP SERVER AUDIT SPECIFICATION［ServerAuditSpecification- 20230731- 010335］
```

运行结果如图 7-21 所示。

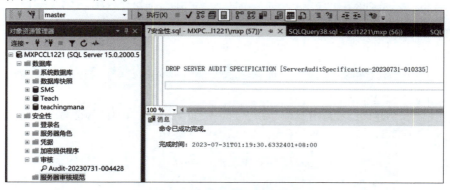

图 7-21 例 7-20 运行结果

6. 查看审计日志

可以使用 SQL Server Management Studio（SSMS）或适当的系统工具来访问和查看配置的审计日志。

注意：在使用这些语句之前，需要具有适当的权限（如 CONTROL SERVER、ALTER ANY DATABASE AUDIT 或 ALTER ANY SERVER AUDIT）来执行相关操作，如需进一步了解，可参考 SQL Server 官方文档。

实验指导

审计实验指导如表 7-2 所示。

表7-2　审计实验指导

实验题目	审计实验			
实验时间		实验地点		实验课时
实验目的	掌握数据库审计规范的设置与管理方法			
实验要求	掌握数据库审计规范的设置、启用、停用以及审计规范规则的创建与删除			
实验内容	一、创建审计规范 　　在 MASTER 数据库中创建审计规范 Audit-20230731-004428，要求审计日志存放在"D:\数据库原理及应用教程\"中，审核文件大小无限制，文件大小无限制，不保留磁盘空间。 USE［master］ GO CREATE SERVER AUDIT［Audit- 20230731- 004428］ TO FILE (FILEPATH = N'D:\数据库原理及应用教程\' 　,MAXSIZE = 0 MB 　,MAX_ROLLOVER_FILES = 2147483647 　,RESERVE_DISK_SPACE = OFF) 二、启用审计规范 　　启用审计规范 Audit-20230731-004428。 ALTER SERVER AUDIT［Audit- 20230731- 004428］WITH (STATE = ON) 三、停用审计规范 　　停用审计规范 Audit-20230731-004428。 ALTER SERVER AUDIT［Audit- 20230731- 004428］WITH (STATE = OFF) 四、创建审计规范的规则 　　创建审计规范的规则 ServerAuditSpecification-20230731-010335 给审计规范 Audit-20230731-004428，审计对象为 DATABASE_LOGOUT_GROUP。 CREATE SERVER AUDIT SPECIFICATION ［ServerAuditSpecification- 20230731- 010335］ FOR SERVER AUDIT［Audit- 20230731- 004428］ ADD(DATABASE_LOGOUT_GROUP) WITH(STATE = OFF) 五、删除审计规范的规则 　　删除审计规范的规则 ServerAuditSpecification-20230731-010335。 DROP SERVER AUDIT SPECIFICATION ［ServerAuditSpecification- 20230731- 010335］			

续表

实验题目	审计实验
实验结果	
实验总结	

📓 7.5　密码学模型

数据加密是一种常用的保护数据机密性的方法，它通过将敏感数据转化为密文来防止未经授权的访问者获得数据内容。常用的数据加密有以下几种。

(1)对称加密：使用相同的密钥(称为私钥)来加密和解密数据。发送方使用私钥加密数据，接收方使用相同的私钥解密数据。对称加密算法包括 AES(Advanced Encryption Standard)和 DES(Data Encryption Standard)等。

(2)非对称加密：使用一对密钥，即公钥和私钥。公钥用于加密数据，而私钥用于解密数据。公钥可以公开给任何人使用，而私钥必须保密。非对称加密算法包括 RSA(根据 3 位数学家 Rivest、Shamir 和 Adleman 的名字命名)和 ECC(Elliptic Curve Cryptography)等。

(3)数据传输加密：在数据传输过程中，可以使用加密协议(如 SSL/TLS)来保护数据的机密性。加密协议使用对称和非对称加密方法，确保数据在网络传输过程中不被窃听或篡改。

注意：数据加密虽然可以增加数据的安全性，但也会增加系统的复杂性和计算开销。因此，在实施数据加密时，需要权衡安全需求和系统性能，并采取适当的措施来保护密钥和处理加密操作的性能。

📓 7.6　安全评估模型

数据库的安全评估是一个评估数据库系统中安全性能的过程，旨在识别潜在的安全威胁和漏洞，并提供改进建议以加强数据库的安全性。

下面是数据库安全评估的一般步骤。

（1）确定评估范围。明确要评估的数据库系统和相关组件，如操作系统、数据库引擎、应用程序、网络架构等。

（2）收集信息。收集有关数据库系统的详细信息，包括版本号、配置设置、网络拓扑、用户权限等。

（3）识别安全风险。对数据库进行全面的安全审查，包括但不限于以下方面。

1）访问控制。检查用户和角色的权限分配是否合理，审查密码策略、用户锁定机制等。

2）数据保护。评估敏感数据的加密、遮蔽和掩码等保护措施。

3）漏洞管理。扫描数据库系统发现已知漏洞，并及时打补丁。

4）审计与监测。审计数据库活动并监测异常事件，如未经授权的访问尝试、异常数据操作等。

5）网络安全。评估数据库系统与网络之间的连接、防火墙配置、安全协议等。

6）其他安全最佳实践。考虑其他重要方面，如备份与恢复、日志管理、灾备计划等。

（4）分析和评估。分析收集到的信息，并评估数据库系统的安全性能，识别潜在的威胁、漏洞和风险等问题。

（5）提供改进建议。基于评估结果，提供改进建议和优化措施，以增强数据库系统的安全性。这可能包括修复漏洞、加强访问控制、加密数据、更新配置设置等。

（6）实施改进措施。根据改进建议，实施必要的安全改进措施，并确保其有效性和适用性。

（7）定期审查和更新。数据库安全评估是一个持续的过程，需要定期进行审查和更新，以适应不断变化的安全威胁和风险。

需要强调的是，数据库安全评估应该由经验丰富的安全专家来执行，他们熟悉数据库系统的安全性能和相关标准。此外，还需遵循最佳实践和合规要求，确保数据库系统得到适当的保护并防止潜在的安全风险。

第8章　触发器

学习目标

能力目标	知识要点	权重
掌握 DML 触发器的设计和使用方法	1. 定义 After 触发器 2. 定义 Instead of 触发器 3. 修改 DML 触发器 4. 使 DML 触发器失效 5. 设计 SQL 语句验证触发器的作用	70%
掌握 DDL 触发器的设计和使用方法	1. 定义 DDL 触发器 2. 修改 DDL 触发器 3. 使 DDL 触发器失效 4. 设计 SQL 语句验证触发器的作用	30%

　　触发器是数据库管理系统中的一种特殊对象，它与表相互关联，并在表上的某个事件（如插入、更新或删除）发生时自动触发并执行一段预定义的代码。

　　使用触发器有以下几个优点。

　　(1)数据完整。触发器可以用于实现数据完整性约束，确保数据的有效性和一致性。通过在触发器中定义规则和条件，可以在数据插入、更新或删除时进行验证和处理，避免不符合要求的操作。

　　(2)便于自动化处理。触发器可以自动执行一系列的操作，无须手动干预。例如，当某个表中的数据发生变化时，触发器可以自动更新其他相关的数据表，或者执行一些特定的业务逻辑。这样可以提高工作效率，减少人工错误。

　　(3)便于业务规则的实施。触发器可以用于实施复杂的业务规则。通过在触发器中编写逻辑代码，可以对数据进行额外的处理、计算或转换。这样可以在数据库层面实现业务规则，并确保其在各种操作中得到准确执行。

　　(4)便于数据审计和跟踪。触发器可以用于记录数据的变化历史，实现审计和跟踪功能。通过在触发器中记录数据修改的时间、操作者等信息，可以对数据的变更进行审计，并追踪数据的变化过程。

　　(5)简化应用程序逻辑。通过使用触发器，可以将复杂的业务逻辑和数据操作从应用程序中移至数据库层面。这样可以简化应用程序的逻辑，减少代码量，提高应用程序的可维护性和可测试性。

SQL Server 支持两种类型的触发器：DML 触发器和 DDL 触发器。下面分别介绍。

8.1 DML 触发器

DML 触发器是用于捕获和处理 DML 操作(如插入、修改或删除)的触发器。

根据触发时机的不同，DML 触发器可以分为以下两种类型。

(1) After 触发器(After Trigger)：在 DML 操作执行后触发。可以在数据操作完成后执行额外的逻辑，如记录日志、更新其他表等。After 触发器适用于对数据操作结果进行后续处理的情况。

(2) Instead of 触发器(Instead of Trigger)：在 DML 操作执行之前触发，可以替代原始的 DML 操作，执行自定义逻辑。Instead of 触发器适用于对原始操作进行修改或完全替换的情况。

8.1.1 DML 触发器工作原理

在 SQL Server 中，每个触发器都有两个特殊的表：inserted 表和 deleted 表。这两个表是用于存储触发器操作期间受影响的行的临时表。当触发器在 INSERT、UPDATE 或 DELETE 语句执行后被激活时，这两个表会被自动创建和填充，它们在不同操作时存储的内容如表 8-1 所示。这两个表在触发器的执行期间可用，在触发器执行完后，将自动清除其内容。

表 8-1 inserted 表和 deleted 表在不同操作时存储的内容

对表的操作	inserted 表	deleted 表
增加记录(INSERT)	存放增加的记录	无
删除记录(DELETE)	无	存放被删除的记录
修改记录(UPDATE)	存放更新后的记录	存放更新前的记录

1. After 触发器的工作原理

在 SQL Server 中，After 触发器是一种特殊的触发器类型，它在数据操作完成之后执行。其工作原理如下。

(1)创建触发器。使用 CREATE TRIGGER 语句创建 After 触发器。在创建触发器时，需要指定触发器的类型为 After，并指定触发的表、触发时机(INSERT、UPDATE 或 DELETE)等相关信息。

(2)满足触发条件。当触发表上的 DML 操作满足触发条件时，After 触发器被激活执行。触发条件可以基于行级别或语句级别。

(3)执行触发器逻辑。一旦触发器被激活，它的定义逻辑将被执行。在 After 触发器中，可以访问 inserted 表和 deleted 表来获取相关数据。

（4）处理修改后的数据。在 After 触发器中，可以使用 inserted 表和 deleted 表中的数据进行进一步的处理。例如，可以执行其他数据操作、记录日志、更新其他表等。

2. Instead of 触发器的工作原理

在 SQL Server 中，Instead of 触发器用于替代默认的数据操作行为。与 After 触发器不同，Instead of 触发器不是在数据操作之后执行，而是在操作之前执行，并且可以模拟或修改原始的数据操作。

Instead of 触发器的工作原理如下。

（1）创建触发器。用户可以使用 CREATE TRIGGER 语句创建 Instead of 触发器，在创建触发器时，需要指定触发器的类型为 Instead of，并指定触发的表、触发时机（INSERT、UPDATE 或 DELETE）等相关信息。

（2）触发条件的满足。当触发表上的 DML 操作满足触发条件时，Instead of 触发器被激活执行。触发条件可以基于行级别或语句级别。

（3）执行触发器逻辑。一旦触发器被激活，它的定义逻辑将被执行。在 Instead of 触发器中，可以模拟或修改原始的数据操作。

（4）替代默认操作。Instead of 触发器的主要作用是替代默认的数据操作行为。例如，在一个 Instead of 触发器中，可以编写自定义的逻辑来处理 INSERT 操作，而不是让数据库执行默认的插入操作。

（5）处理数据操作。根据需求，在 Instead of 触发器中可以执行不同的操作，如对数据进行验证、转换、插入其他表等。

8.1.2　创建 DML 触发器

创建触发器的一般语法格式如下：

```
CREATE TRIGGER trigger_name
ON {table_name}
{FOR|AFTER|INSTEAD OF} {INSERT | UPDATE | DELETE}
AS
begin
    -- 触发器的逻辑代码
end
```

其中：

（1）trigger_name 是触发器的名称。

（2）table_name 是触发器关联的表名。

（3）FOR | AFTER | INSTEAD OF 用于指定触发时机，可以是在操作之前（FOR | INSTEAD OF）或之后（FOR | AFTER）触发。

（4）INSERT | UPDATE | DELETE 用于指定触发器针对的操作类型。

【例 8-1】创建一个触发器，要求当对表 SC 的 score 进行修改时，若分数增加了 10% 以上（包括 10%），则将此次操作记录到另一个表 SC_U（sno，cno，oldscore，newscore）中。

因为 SMS 数据库中没有数据表 SC_U，所以需要先创建表 SC_U。

第一步，建立数据表 SC_U。命令如下：

```
CREATE TABLE SC_U
(sno int,
cno int,
oldscore real,
newscore real)
```

第二步，创建触发器。命令如下：

```
CREATE TRIGGER SC_update_score
ON SC
AFTER UPDATE
AS
begin
    DECLARE @old int,@new int,@sno char(15),@cno char(10)
    if(UPDATE(score))
      begin
        SELECT @old=score from deleted
        SELECT @new=score from inserted
        SELECT @sno=sno from inserted
        SELECT @cno=cno from inserted
        if(@new>=1.1*@old)
            insert into SC_U
            values(@sno,@cno,@old,@new)
    end
end
```

运行结果如图 8-1 所示。

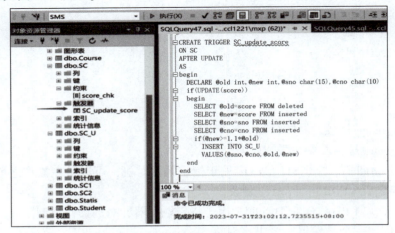

图 8-1 例 8-1 运行结果

在 SC 表中更新一条记录，将学号为 20210201 的学生的成绩改为 90 分，验证触发器 SC_update_score 是否起作用。命令如下：

```
UPDATE SC
SET score=90
WHERE sno=20210201
```

运行结果如图 8-2 所示。

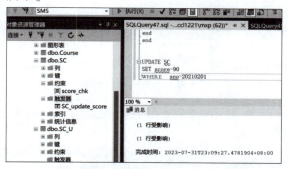

图 8-2　验证触发器 SC_update_score

查看 SC_U 表的数据，如图 8-3 所示，说明触发器 SC_update_score 已经自动工作。

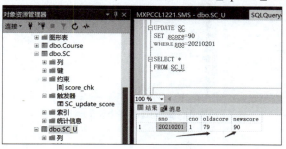

图 8-3　查看数据

【例 8-2】创建触发器，该触发器能够保证在 SC 表中添加新的记录时，新学生的学号 sno 必须已经存在于 Student 表中。

```
CREATE TRIGGER SC_insert
ON SC
INSTEAD OF insert
AS
begin
    if(EXISTS(SELECT sno FROM inserted WHERE sno IN (SELECT sno FROM Student)))
        INSERT INTO SC
        SELECT *
        FROM inserted
    else
        RAISERROR('不能插入,因为要插入学号不在 student 表中！', 16, 1);
end
```

运行结果如图 8-4 所示。

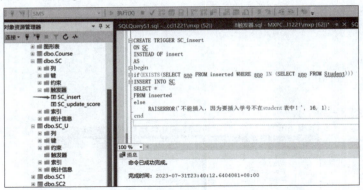

图 8-4　例 8-2 运行结果

在 SC 表中插入一条记录(1，2，85)，验证触发器 SC_insert 的作用，如图 8-5 所示，说明触发器 SC_insert 已经自动工作。

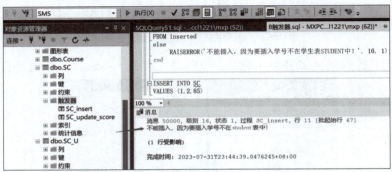

图 8-5　验证触发器 SC_insert

8.1.3　修改 DML 触发器

1. 修改触发器的一般语法格式

```
ALTER TRIGGER trigger_name
ON {table_name}
{FOR|AFTER|INSTEAD OF} {INSERT | UPDATE | DELETE}
AS
begin
    -- 触发器的逻辑代码
end
```

相关参数的含义与 CREATE TRIGGER 语句中的参数相同。

【例 8-3】修改触发器 SC_update_score，要求当对 SC 表的 score 进行修改时，若分数增加了 5%以上(包括 5%)，则将此次操作记录在 SC_U 表中。

```
ALTER TRIGGER SC_update_score
ON SC
AFTER UPDATE
AS
begin
    DECLARE @old int,@new int,@sno char(15),@cno char(10)
    if(UPDATE(score))
      begin
        SELECT @old=score from deleted
        SELECT @new=score from inserted
        SELECT @sno=sno from inserted
        select @cno=cno from inserted
        if(@new>=1. 05*@old)
            insert into SC_U
            values(@sno,@cno,@old,@new)
      end
end
```

2. 使触发器无效

某些情况下，用户希望暂停触发器的作用，并不删除它。可以使用下面的语句将触发器设置为无效：

```
DISABLE TRIGGER TriggerName ON TableName
```

其中：

（1）TriggerName 是要禁用的触发器的名称。

（2）TableName 是触发器所属的表的名称。

执行上述语句后，触发器将被禁用，不再触发与之关联的操作。

【例 8-4】使触发器 SC_update_score 失效并进行验证。命令如下：

```
DISABLE TRIGGER SC_update_score ON SC
```

进行验证，SC 表中原始数据如图 8-6 所示。

	sno	cno	score
1	20210101	2	92
2	20210101	3	78
3	20210101	5	80
4	20210201	1	90
5	20211010	1	81
6	20212805	1111	NULL

图 8-6 SC 表中原始数据

执行以下语句：

```
UPDATE SC
SET score=99
WHERE sno=20211010
```

将学号为 20211010 的学生的成绩 81 修改为 99，已经满足触发器条件，如果触发器起作用的话，SC_U 表应该出现该条记录。执行以下查询语句：

```
SELECT *
FROM SC_U
```

SC_U 表中并没有出现此条记录，如图 8-7 所示。可见触发器 SC_update_score 已经失效。

图 8-7 触发器失效

3. 使触发器重新有效

如果需要重新启用触发器，可以使用以下语句：

```
ENABLE TRIGGER TriggerName ON TableName
```

其中参数含义与 DISABLE TRIGGER 语句中的一样。

【例 8-5】使触发器 SC_update_score 重新有效。命令如下：

```
ENABLE TRIGGER SC_update_score ON SC
```

8.1.4 删除 DML 触发器

删除触发器的一般语法格式如下：

```
DROP TRIGGER trigger_name
```

执行上述语句后，触发器将被永久删除，无法恢复。

【例 8-6】删除触发器 SC_ update_ score。命令如下：

```
DROP TRIGGER SC_update_score
```

8.2　DDL 触发器

在 SQL Server 中，DDL 触发器是一种特殊类型的触发器，用于捕获和响应数据库模式更改的事件，如创建、修改或删除表、视图、存储过程等。

8.2.1　DDL 触发器的工作原理

DDL 触发器的工作原理如下。

（1）当执行 DDL 语句（如 CREATE、ALTER、DROP）时，如果已定义了相应的 DDL 触发器，SQL Server 将首先运行 DDL 触发器中定义的逻辑。

（2）DDL 触发器中的逻辑可以包括各种操作，如记录日志、验证约束、执行其他相关操作等。

（3）如果 DDL 触发器的逻辑错误，会阻止原始 DDL 语句的执行，并返回错误信息。

8.2.2　创建 DDL 触发器

创建 DDL 触发器的命令格式如下：

```
CREATE TRIGGER [schema_name.]trigger_name
ON ALL SERVER | DATABASE
FOR {CREATE | ALTER | DROP} {TABLE | VIEW | PROCEDURE | FUNCTION | ...}
AS
begin
    -- 触发器逻辑
end
```

其中：

（1）[schema_name.] 可选，用于指定触发器所属的架构名称。

（2）trigger_name 是触发器的名称。

（3）ALL SERVER 表示触发器将在整个服务器上触发，DATABASE 表示触发器将在当前数据库上触发。

（4）FOR 子句后面是需要捕获的 DDL 事件，可以根据需要选择其中一个或多个事件类型，并可以指定表、视图、存储过程等对象的类型。

（5）在触发器的 begin 和 end 之间编写相应的逻辑，用于处理特定的 DDL 事件。可以根据需求执行各种操作，如记录日志、执行其他 SQL 语句、验证约束等。

【例 8-7】创建 DDL 触发器 ALTER_DROP_TRIGGER，该触发器禁止修改和删除当前数据库中任何表。命令如下：

```
CREATE TRIGGER ALTER_DROP_TRIGGER
ON DATABASE
FOR ALTER_TABLE,DROP_TABLE
AS
begin
    PRINT' 不允许修改和删除任何表'
end
```

运行结果如图 8-8 所示。

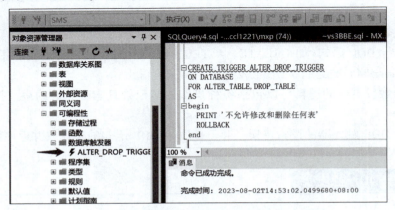

图 8-8　例 8-7 运行结果

修改 Student 表，增减属性联系方式 cif。执行以下语句：

```
ALTER TABLE Student
ADD    cif    CHAR(10)
```

结果如图 8-9 所示，说明触发器 ALTER_DROP_TRIGGER 已经起作用了。

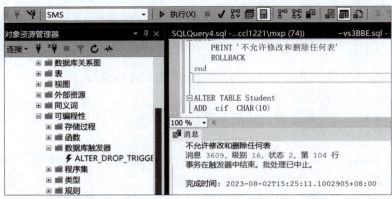

图 8-9　验证触发器 ALTER_DROP_TRIGGER

8.2.3 修改 DDL 触发器

修改触发器的一般命令格式如下:

```
ALTER TRIGGER [schema_name.] trigger_name
ON ALL SERVER | DATABASE
FOR {CREATE | ALTER | DROP} {TABLE | VIEW | PROCEDURE | FUNCTION | ...}
AS
begin
    -- 触发器逻辑
end
```

相关参数的含义与 CREATE TRIGGER 语句中的参数相同。

使触发器无效以及重新有效的语句与 DML 触发器的语句格式完全一样,这里不再赘述。

8.2.4 删除 DDL 触发器

删除触发器的一般语法格式:

```
DROP TRIGGER trigger_name
```

执行上述语句后,触发器将被永久删除,无法恢复。

【例8-8】删除触发器 ALTER_DROP_TRIGGER。命令如下:

```
DROP TRIGGER ALTER_DROP_TRIGGER
```

实验指导

触发器实验指导如表 8-2 所示。

表 8-2 触发器实验指导

实验题目	触发器实验		
实验时间		实验地点	实验课时
实验目的	掌握数据库触发器的设计和使用方法		
实验要求	会定义 DML 触发器中的 Instead of 和 After 触发器,能够理解这两种不同类型触发器的作用和执行原理,同时验证触发器的有效性。 会定义 DDL 触发器,理解 DDL 触发器的作用		
实验内容	一、DML 触发器 　1. 创建一个触发器,要求:当对 SC 表的 score 进行修改时,若分数增加了 10% 以上(包括 10%),则将此次操作记录到另一个表 SC_U(sno, cno, oldscore, newscore)中,并验证其作用。 　第一步,建立数据表 SC_U。		

实验题目	触发器实验

```
CREATE TABLE SC_U
(sno int,
cno int,
oldscore real,
newscore real)
```

第二步，创建触发器。

```
CREATE TRIGGER SC_update_score
ON SC
AFTER UPDATE
AS
begin
    DECLARE @old int,@new int,@sno char(15),@cno char(10)
    if(UPDATE(score))
      begin
        SELECT @old=score from deleted
        SELECT @new=score from inserted
        SELECT @sno=sno from inserted
        SELECT @cno=cno from inserted
        if(@new>=1.1*@old)
            insert into SC_U
            values(@sno,@cno,@old,@new)
    end
end
```

在 SC 表中更新一条记录，将学号为 20210201 的学生的成绩改为 90 分，验证触发器 SC_update_score 是否起作用。

```
UPDATE SC
SET score=90
WHERE sno=20210201
```

2. 创建触发器，该触发器能够保证在成绩表 SC 中添加新的记录时，新学生的学号 SNO 必须已经存在于 Student 表中。

```
CREATE TRIGGER SC_insert
ON SC
INSTEAD OF insert
AS
begin
    if(EXISTS(SELECT sno FROM inserted WHERE sno IN (SELECT sno FROM Student)))
```

实验题目	触发器实验

```
        INSERT INTO SC
        SELECT *
        FROM inserted
    else
        RAISERROR('不能插入,因为要插入学号不在学生表 STUDENT 中！', 16, 1);
 end
```

在 SC 表中插入一条记录(1，2，85)，验证触发器 SC_insert 的作用。

```
INSERT INTO SC
VALUES(1,2,85)
```

3. 使触发器 SC_update_score 失效并进行验证。

```
DISABLE TRIGGER SC_update_score ON SC
```

将学号为 20211010 的学生的成绩 81 修改为 99，执行语句：

```
UPDATE SC
SET score=99
WHERE sno=20211010
```

执行查询语句：

```
SELECT *
FROM SC_U
```

验证触发器是否失效。

二、DDL 触发器

创建 DDL 触发器 ALTER_DROP_TRIGGER，该触发器禁止修改和删除当前数据库中任何表，并验证其是否起作用。

```
CREATE TRIGGER ALTER_DROP_TRIGGER
ON DATABASE
FOR ALTER_TABLE,DROP_TABLE
AS
begin
    PRINT '不允许修改和删除任何表'
end
```

修改 Student 表，增减属性联系方式 cif。执行语句：

```
ALTER TABLE Student
ADD   cif   CHAR(10)
```

验证触发器 ALTER_DROP_TRIGGER 是否起作用。

实验题目	触发器实验
实验结果	
实验总结	

第9章　数据库备份与还原

能力目标	知识要点	权重
掌握数据库备份的方法	1. 完全备份 2. 增量备份 3. 事务日志备份	70%
掌握数据库还原的方法	数据库还原	30%

　　数据库备份与还原是非常重要的数据管理实践，主要表现在以下几个方面。

　　（1）数据丢失保护。备份和还原是防止数据丢失的关键措施。通过定期备份数据库，可以在发生意外事件（如硬件故障、人为错误、恶意软件攻击等）导致数据损坏或删除时，恢复数据库到之前的状态，以确保数据的完整性和可用性。

　　（2）灾难恢复。备份和还原允许在发生灾难性事件时快速恢复数据库。例如，当发生自然灾害、电力故障或系统崩溃时，可以使用备份数据来重新构建数据库，并尽快恢复业务运营。

　　（3）数据历史记录。备份不仅可以帮助恢复数据，还可以提供数据历史记录。通过存储多个备份文件，可以访问过去某个时间点的数据库状态。这对于回溯分析、法律合规性和审计目的非常重要。

　　（4）数据库迁移和升级。备份和还原也在数据库迁移和升级过程中起着重要作用。通过备份当前数据库，在新环境中进行还原操作，可以确保数据的顺利迁移和升级，降低风险和中断时间。

　　（5）维护和测试。备份还可以用于数据库维护和测试目的。在进行重要操作之前，备份数据库可以作为安全保障。此外，备份还可以用于创建开发和测试环境，以便进行应用程序开发、性能优化和系统更新等工作。

　　数据库备份与还原是数据库管理中的基本操作，它们提供了数据保护和恢复的重要手段。通过定期备份，并进行合适的还原测试，可以最大程度地降低因意外事件而导致的数据丢失和业务中断风险。

9.1 数据库备份

数据库备份是指将数据库的数据和结构保存到一个文件或设备中，以便在需要时进行还原或恢复数据。

9.1.1 数据库备份类型

完全备份、增量备份和事务日志备份是数据库备份中常用的 3 种类型。

（1）完全备份（Full Backup）：将整个数据库的所有数据和对象一次性备份到备份文件中。完全备份包含了数据库的所有内容，包括表、索引、存储过程、触发器等。完全备份通常是在定期的时间点上执行，用于创建数据库的初始备份或作为基准备份。进行完全备份时，会生成一个与数据库大小相对应的备份文件，这意味着完全备份需要更多的存储空间和时间来完成。

（2）增量备份（Incremental Backup）：只备份自上次备份以来发生变化的数据和日志。具体而言，增量备份会备份最近一次完全备份或增量备份之后的数据库所有新增、修改和删除的数据。增量备份记录了数据库的增量变更，因此它通常比完全备份更快，并且需要较少的存储空间。还原数据库时，需要依次还原完全备份和所有增量备份，直到要还原的时刻。

（3）事务日志备份（Transaction Log Backup）：数据库备份策略中的重要组成部分，事务日志记录了数据库中发生的每个事务的操作，包括对数据的更新、插入和删除等。事务日志备份的目的是保护事务日志数据，以便在需要进行恢复操作时使用。

完全备份很好理解，下面主要介绍事务日志备份和增量备份之间的区别。

1. 数据范围

事务日志备份。仅备份数据库中发生的事务操作记录，即只备份数据库的变更部分。

增量备份会备份自上次完整备份或增量备份以来发生的所有数据变更，它会将新添加、更新或删除的数据进行备份。

2. 备份速度和容量

事务日志备份通常比完整备份和增量备份更快，因为它只需要备份事务日志文件。此外，事务日志备份通常也比较小，占用较少的存储空间。

增量备份备份了所有发生变更的数据，因此备份速度和备份文件大小通常比事务日志备份更慢和更大。

3. 恢复过程

事务日志备份需要先恢复之前的完全备份，再应用事务日志备份来还原数据库到特定时间点或事务点。

增量备份需要先恢复之前的完全备份，再依次应用增量备份，按顺序逐步恢复所有增量备份的变更。

4. 恢复时间

事务日志备份可以实现较精确的定点恢复，将数据库恢复到指定的事务或时间点。

增量备份需要依次应用所有增量备份才能完全恢复数据库，因此恢复时间可能会比事务日志备份长。

5. 需求和使用场景

事务日志备份适合需要快速且精确恢复到特定时间点的场景，特别是在事务操作频繁且对数据可用性要求高的环境中。

增量备份适合需要定期备份所有数据变更的场景，以减少备份时间和存储空间。它在进行连续备份和周期性归档时非常有用。

综上所述，事务日志备份和增量备份在数据范围、备份速度和容量、恢复过程、恢复时间，以及需求和使用场景等方面存在区别。选择适当的备份方法取决于数据库的需求、容忍度和恢复目标，通常综合使用完全备份、增量备份和事务日志备份可以获得更全面的数据保护和灾难恢复效果。

9.1.2　数据库备份实现

执行备份操作通常需要 sysadmin 或 db_backupoperator 角色的成员身份或相应的权限。

1. 完全备份

可以使用 T-SQL 语句完全备份数据库，命令格式如下：

```
BACKUP DATABASE<DatabaseName>
TO DISK  =<Backup_device>WITH INIT, COMPRESSION
```

其中：

（1）<DatabaseName>是要备份的数据库的名称。

（2）TO DISK 指定了备份文件存储的路径和文件名。

（3）WITH INIT 选项表示每次备份时都会覆盖现有备份文件。

（4）COMPRESSION 选项可选择对备份文件进行压缩，以节省磁盘空间。

【例 9-1】将学生成绩数据库 SMS 备份到"D：\ Backup"，并进行压缩。命令如下：

```
BACKUP DATABASE SMS
TO DISK  ='D:\Backup\SMS_FULL. bak'     WITH INIT, COMPRESSION
```

运行结果如图 9-1 所示。

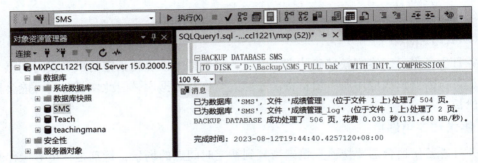

图 9-1　例 9-1 运行结果

2. 增量备份

可以使用 T-SQL 语句增量备份数据库，命令格式如下：

BACKUP DATABASE<DatabaseName>
TO DISK =<Backup_device>WITH DIFFERENTIAL

其中，WITH DIFFERENTIAL 选项表示备份自上次完全备份之后修改过的数据库页。

【例 9-2】将学生成绩数据库 SMS 增量备份到"D：\ Backup"。命令如下：

BACKUP DATABASE SMS
TO DISK = 'D:\Backup\SMS_DIFF.bak'   WITH DIFFERENTIAL

运行结果如图 9-2 所示。

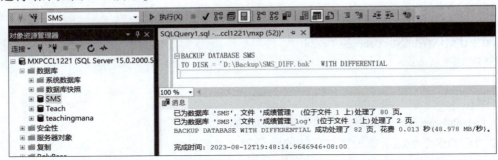

图 9-2　例 9-2 运行结果

3. 事务日志备份

可以使用 T-SQL 语句事务日志备份数据库，命令格式如下：

BACKUP LOG <DatabaseName>
TO DISK =<Backup_device>

【例 9-3】将学生成绩数据库 SMS 事务日志备份到"D：\ Backup"。命令如下：

BACKUP LOG SMS
TO DISK = 'D:\Backup\SMS_Log. bak'

运行结果如图 9-3 所示。

图 9-3　例 9-3 运行结果

9.2　数据库还原

数据库还原是指将之前备份的数据库恢复到原始状态的过程。在进行数据库还原之前，首先需要有一个完整和可靠的数据库备份。

数据库还原可以使用数据库管理工具 SQL Server Management Studio 进行，也可以使用 T-SQL 语句进行，这里介绍使用 T-SQL 语句进行还原的方法。

在 SQL Server 中，使用 T-SQL 语句通过备份文件还原数据库，命令格式如下：

```
RESTORE DATABASE <DatabaseName>
FROM DISK = '<Backup_device>'
[WITH REPLACE[, RECOVERY][, STATS = 5]]
```

其中：

（1）<DatabaseName>是要还原的数据库的名称。

（2）FROM DISK 是备份文件存储的路径和文件名。

（3）REPLACE 参数表示在现有基础上强制还原。

（4）RECOVERY 参数表示数据库恢复后立即可用。

（5）STATS = 5 参数用于显示还原进度信息。

T-SQL 语句将会创建一个新的查询窗口，并在 master 数据库上执行还原操作。

【例 9-4】利用"D：\ Backup \ SMS_ FULL. bak"还原学生成绩数据库 SMS。命令如下：

```
USE master;
GO
RESTORE DATABASE SMS
FROM DISK ='D:\Backup\SMS_FULL. bak'
```

注意：进行数据库还原是一项敏感操作，应谨慎执行，并确保备份文件的完整性和可靠性。同时，建议在执行之前进行充分的测试和验证，以避免产生不可预料的结果。

实验指导

数据库备份与还原实验指导如表 9-1 所示。

表 9-1 数据库备份与还原实验指导

实验题目	数据库备份与还原实验			
实验时间		实验地点		实验课时	
实验目的	掌握使用 T-SQL 语句备份与还原数据库的方法			
实验要求	能够对数据库进行完全备份、增量备份、事务日志备份 能够利用备份文件还原数据库			

实验内容	一、备份数据库
	    1. 将学生成绩数据库 SMS 完全备份到"D：\ Backup"，并进行压缩。
	
	    BACKUP DATABASE SMS
	    TO DISK ='D:\Backup\SMS_FULL. bak'　　WITH INIT, COMPRESSION
	
	    2. 将学生成绩数据库 SMS 增量备份到"D：\ Backup"。
	
	    BACKUP DATABASE SMS
	    TO DISK = 'D:\Backup\SMS_DIFF. bak'　　WITH DIFFERENTIAL
	
	    3. 将学生成绩数据库 SMS 事务日志备份到"D：\ Backup"。
	
	    BACKUP LOG SMS
	    TO DISK = 'D:\Backup\SMS_Log. bak'
	
	二、还原数据库
	    利用"D：\ Backup \ SMS_FULL. bak"还原学生成绩数据库 SMS。
	
	    USE master;
	    GO
	    RESTORE DATABASE SMS
	    FROM DISK =' D:\Backup\SMS_FULL. bak'			

实验结果				
实验总结				

第三部分　综合应用

　　本部分主要通过程序代码实例，介绍如何使用 SQL 语句，结合 ADO. NET(C#) 和 JDBC 技术(Java)，实现数据库的连接和操作。

　　在学习过程中，应仔细体会和掌握程序代码操作数据库的操作步骤，主要是数据库连接创建和打开、编写 SQL 和创建 SQL 执行对象、执行 SQL 并返回相应的结果数据。

　　针对 ADO. NET，本部分采用了 Visual Studio 2022 集成开发工具，分别使用了 . NET Framework 和 . NET 两种技术下的控制台应用项目，编程语言都是 C#。

　　针对 JDBC，本部分采用了 Eclipse 集成开发工具创建 Java 项目，使用了官网 Microsoft JDBC Driver for SQL Server 的 Microsoft JDBC Driver 12. 2 for SQL Server 版本实现 JDBC 与 SQL Server 数据库的连接和操作。

第 10 章　基于 ADO. NET 的数据库开发基础

学习目标

能力目标	知识要点	权重
了解数据库访问技术及其相关概念	1. ADO. NET 基本情况 2. ADO. NET 相关知识	20%
了解程序对数据库访问的主要步骤	1. ADO. NET 连接字符串格式 2. ADO. NET 数据库访问对象	50%
理解掌握基本 SQL 语句的使用方法	1. SQL 语句的基本书写格式 2. 常用 SQL 语句的使用	30%

10. 1　ADO. NET 基本概念

　　ADO. NET 是一组向 . NET Framework 程序员公开数据访问服务的类。ADO. NET 为创建分布式数据共享应用程序提供了一组丰富的组件，提供了对关系数据、XML 和应用程序数据的访问，因此它是 . NET Framework 中不可缺少的一部分。ADO. NET 支持多种开发需求，包括创建由应用程序、工具、语言或 Internet 浏览器使用的前端数据库客户端和中间层业务对象。

　　ADO. NET 功能强大，可以实现对多种数据库数据的访问与管理，其技术架构如图 10-1所示。

　　ADO. NET 是访问 SQL Server 数据库的主要手段和官方技术，可以通过程序，实现数据库数据的组织、存储、检索、分析和处理。

　　对于 SQL Server 数据库，微软官方推荐使用 C#语言调用 ADO. NET 进行数据库开发工作。C#语言是一种新式编程语言，源于 C 语言系列，与 C/C++、Java 有较高相似性，本章所涉及程序代码均使用 C#语言书写，数据库为 SQL Server。

　　在进行开发前，需要安装相应的开发工具，推荐使用 Visual Studio，本书使用的版本是 Visual Studio 2022，目前 Visual Studio 主要有 Visual Studio Community（社区免费版）、Visual

Studio Professional(专业付费版)和 Visual Studio Enterprise(企业付费版)。

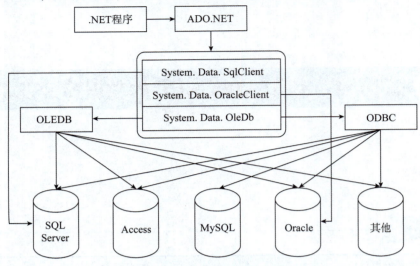

图 10-1　ADO. NET 技术架构

对于个人和初学者,建议使用 Visual Studio Community。

表 10-1 列举了 SQL Server 主要字段数据类型与 C#语言常用数据类型的对应关系。

表 10-1　数据类型对应关系

SQL Server 数据库引擎类型	. NET Framework 类型	SQLDATAREADER SQLTYPES 类型化访问器	SQLDATAREADER DBTYPE 类型化访问器
BIGINT	INT64	GETSQLINT64	GETINT64
BINARY	BYTE[ ]	GETSQLBINARY	GETBYTES
BIT	BOOLEAN	GETSQLBOOLEAN	GETBOOLEAN
CHAR	STRING CHAR[ ]	GETSQLSTRING	GETSTRING、GETCHARS
DATE[1]	DATETIME	GETSQLDATETIME	GETDATETIME
DATETIME	DATETIME	GETSQLDATETIME	GETDATETIME
DATETIME2	DATETIME	无	GETDATETIME
DATETIMEOFFSET	DATETIMEOFFSET	无	GETDATETIMEOFFSET
DECIMAL	小数	GETSQLDECIMAL	GETDECIMAL
VARBINARY	BYTE[ ]	GETSQLBYTES	GETBYTES
FLOAT	DOUBLE	GETSQLDOUBLE	GETDOUBLE
IMAGE	BYTE[ ]	GETSQLBINARY	GETBYTES
INT	INT32	GETSQLINT32	GETINT32
MONEY	小数	GETSQLMONEY	GETDECIMAL
NCHAR	STRING、CHAR[ ]	GETSQLSTRING	GETSTRING、GETCHARS
NTEXT	STRING、CHAR[ ]	GETSQLSTRING	GETSTRING、GETCHARS

SQL Server 数据库引擎类型	．NET Framework 类型	SQLDATAREADER SQLTYPES 类型化访问器	SQLDATAREADER DBTYPE 类型化访问器
NUMERIC	小数	GETSQLDECIMAL	GETDECIMAL
NVARCHAR	STRING、CHAR[]	GETSQLSTRING	GETSTRING、GETCHARS
REAL	SINGLE	GETSQLSINGLE	GETFLOAT
ROWVERSION	BYTE[]	GETSQLBINARY	GETBYTES
SMALLDATETIME	DATETIME	GETSQLDATETIME	GETDATETIME
SMALLINT	INT16	GETSQLINT16	GETINT16
SMALLMONEY	小数	GETSQLMONEY	GETDECIMAL
SQL_VARIANT	OBJECT[2]	GETSQLVALUE[2]	GETVALUE[2]
TEXT	STRING、CHAR[]	GETSQLSTRING	GETSTRING、GETCHARS
TIME	TIMESPAN	无	GETDATETIME
TIMESTAMP	BYTE[]	GETSQLBINARY	GETBYTES
TINYINT	BYTE	GETSQLBYTE	GETBYTE
UNIQUEIDENTIFIER	GUID	GETSQLGUID	GETGUID
VARBINARY	BYTE[]	GETSQLBINARY	GETBYTES
VARCHAR	STRING、CHAR[]	GETSQLSTRING	GETSTRING、GETCHARS
XML	XML	GETSQLXML	无

本章使用 C#结合 ADO．NET 访问 SQL Server 数据库，步骤如下。

1. 使用连接字符串创建连接对象

（1）连接字符串是一个用于指定数据库访问参数的字符串，一般采用 Key＝Value 的形式，并用“；”分割，其主要参数如表 10-2 所示。

表 10-2　连接字符串主要参数

	参数名称	说明
Windows 身份验证方式	Data Source/Server	数据源，一般是服务器名称，必选
	Initial Catalog/Database	数据库名称
	Integrated Security	是否启用集成身份验证，默认是 FALSE，必选
SQL Server 身份验证	Data Source/Server	数据源，可以是服务器名称、域名、IP 等，必选
	Initial Catalog/Database	数据库名称，必选
	User ID	账号，必选
	Password	密码，必选
	Encrypt	在客户和服务器之间传输的数据是否使用 SSL 加密，可选
	TrustServerCertificate	是否信任 SQL Server 的证书，可选
	Pooling	是否启用连接池，默认为 True，可选

Windows 身份验证连接字符串格式参考如下，其中 Server 和 Database、Data Source 和 Initial Catalog 需要配对使用，可以相互替换：

```
string connStr = "Server = localhost;Integrated Security = SSPI;Database = db;";
Data Source = "localhost;Integrated Security = SSPI;Initial Catalog = db;";
```

SQL Server 身份验证连接字符串格式参考如下：

```
string connStr = "Data Source = server;Initial Catalog = db;User ID = sa;Password = 123456;";
string connStr = "Server = server;Database = db;User ID = sa;Password = 123456;Trusted_Connection = False;";
string connStr = "Server = server;Database = db;User ID = sa;Password = 123456;trustServer Certificate = false;";
```

在 Windows 身份验证中，只要能登录操作系统的用户都可以登录数据库，Windows 身份验证由 Windows 操作系统验证并分配有效的安全 ID，只能由 Windows 用户登录连接数据库，而且 Windows 身份验证只能运行在本机或特定的安全认证的域网络，这样就加重了 Windows 系统管理员的责任和管理工作，虽然访问不太灵活，但是安全性相对较高。SQL Server 身份验证中，需要在数据库中设置登录账号和密码，才能访问相应的数据库，访问比较灵活，但是风险相对较高，需要加强对 SQL Server 的安全配置、检查和监控。

（2）创建数据库连接对象。需要根据不同的访问组件创建相应的数据库连接对象，该对象属于程序代码范畴，如果使用 SqlConnection 创建连接对象，可以访问 SQL Server 数据库，其常用属性和方法如表 10-3 所示。

表 10-3　SqlConnection 常用属性和方法

属性/方法名称	说明
ConnectionString	数据库连接字符串
ConnectionTimeout	连接超时时间
State	连接状态（打开还是关闭）
Open( )	打开连接
Close( )	关闭连接

一般先创建连接字符串，然后使用连接字符串创建连接对象，命令如下：

```
stringconnStr = "Data Source = server;Initial Catalog = db;User ID = sa;Password = 123456;";
SqlConnection connection = new SqlConnection(connStr)
```

2. 创建数据库命令对象

如果使用 SqlCommand 创建命令对象，可以使用 SQL 访问 SQL Server 数据库，其常用属性和方法如表 10-4 所示。

表 10-4　**SqlCommand** 常用属性和方法

属性/方法名称	说明
CommandText	需要执行的 SQL
CommandTimeout	执行超时时间
CommandType	执行命令类型（SQL 文本还是存储过程）
Connection	数据库连接对象
ExecuteNonQuery( )	执行 SQL 语句并返回受影响的行数
ExecuteReader( )	返回 SqlDataReader 数据阅读器对象
ExecuteScalar( )	执行查询，并返回结果集中第一行的第一列

连接对象创建完毕，需要创建相应的命令对象，执行 SQL 语句和执行查询返回数据的命令有一定差异。

（1）执行查询，返回 SqlDataReader 数据阅读器对象。命令如下：

```
string sql="select *   from student";
SqlCommand command = new SqlCommand(sql, connection);
connection. Open();
SqlDataReader reader = command. ExecuteReader();
while (reader. Read())
{
    //控制台打印每行的第一列,按字符串输出
   Console. WriteLine(reader[0]. ToString());
}
connection. Close();
```

（2）执行 SQL 语句，但不需要返回数据。命令如下：

```
string sql="insert into student(id,name) values(1,'张三')";
SqlCommand command = new SqlCommand(sql, connection);
connection. Open();
int cnt=command. ExecuteNonQuery();//执行查询,返回受影响行数
connection. Close();
```

一般来说，使用以上两种形式的命令即可完成 SQL 语句的执行或者数据查询，从以上代码可以看出，代码执行部分均需要打开连接，执行完后需要关闭连接。

频繁地打开连接和关闭连接是非常消耗资源的，实际使用的时候，可以根据情况来考虑，如果需要执行的 SQL 语句较多，可以全部执行完后再关闭，或者必要时采用批量执行，可以提高执行效率。

也可以在连接字符串中启用连接池，连接池可以减少连接创建的次数。当用户在连接上执行 Open( ) 方法时，连接池就会检查池中是否有可用的连接，如果发现存在可用连接，便会将该连接返回给调用者，而不需要创建新的连接；当用户执行 Close( ) 方法时，连接池会

判断该连接是否在最小连接数之内，如果"是"，会将连接回收到活动连接池中，而不是真正关闭该连接，这样连接池中便存在一些已经创建的可用连接，可以直接使用而无须重新创建，提高系统执行效率。

📓 10.2 ADO.NET 数据库访问实例

本节将使用 ADO.NET 结合 SQL Server 对数据库进行简单的增、删、改、查操作，首先使用账号和密码（在连接字符串查看）登录 SQL Server，新建 Test 数据库，并建立 Student 表。命令如下：

```
CREATE TABLE Student(
    SNO    int    NOT NULL    PRIMARY KEY,
    SName   varchar(10) ,
    SSex    varchar(2) ,
    SBirth    date,
    SDept   varchar(30)
)
```

1. 使用 .NET Framework 控制台应用结合 ADO.NET 访问数据库

（1）使用 Visual Studio 2022，创建 C#.NET Framework 控制台应用。启动 Visual Studio 2022，在启动界面单击"创建新项目"按钮，创建过程如图 10-2 所示，然后单击"创建"按钮，即可完成项目创建。右击项目名称，新建 DBHelper 类，该类将对数据库操作进行封装，如图 10-3 所示。

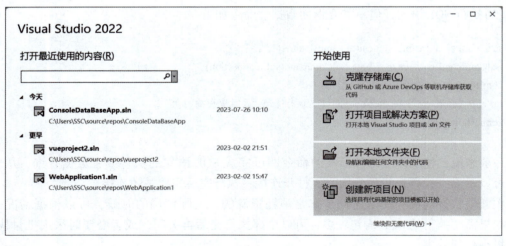

（a）

图 10-2　创建项目

创建新项目

最近使用的项目模板(R)

- 控制台应用(.NET Framework)　　　`C#`
- 独立TypeScript Vue Project　　　`TypeScript`
- ASP.NET Core 空　　　`C#`

搜索模板(Alt+S)(S)　　　　全部清除(C)

`C#` ▾　　`Windows` ▾　　`控制台` ▾

控制台应用
用于创建可在 Windows、Linux 和 macOS 上 .NET 上运行的命令行应用程序的项目
`C#`　`Linux`　`macOS`　`Windows`　`控制台`

控制台应用(.NET Framework)
用于创建命令行应用程序的项目
`C#`　`Windows`　`控制台`

未找到你要查找的内容?
安装多个工具和功能

上一步(B)　　下一步(N)

（b）

配置新项目

控制台应用(.NET Framework)　`C#`　`Windows`　`控制台`

项目名称(J)

ConsoleDataBaseApp

位置(L)

C:\Users\SSC\source\repos

解决方案名称(M)

ConsoleDataBaseApp

☐ 将解决方案和项目放在同一目录中(D)

框架(F)

.NET Framework 4.8

上一步(B)　　创建(C)

（c）

图 10-2　创建项目(续)

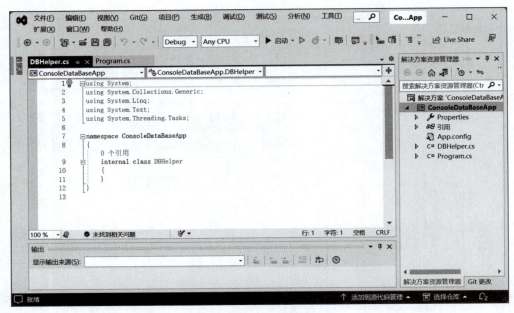

图 10-3　新建 DBHelper 类

（2）Program. cs 的完整代码如下：

```
using System;
using System. Collections. Generic;
using System. Linq;
using System. Text;
using System. Threading. Tasks;
using System. Data;
namespace ConsoleDataBaseApp
{
    class Program
    {
        static void Main(string[ ] args)
        {
            //向 Student 表插入记录,返回受影响的行数
            int Cnt = DBHelper. ExecSQL("insert into Student(SNO,SName,SSex,SBirth,SDept) values
(1,'张三','男','2020- 02- 01','计算机系' )");
            Cnt = DBHelper. ExecSQL("insert into Student(SNO,SName,SSex,SBirth,SDept) values
(2,'李四','男','2021- 05- 06','计算机系' )");
            Cnt = DBHelper. ExecSQL("insert into Student(SNO,SName,SSex,SBirth,SDept) values
(3,'王五','男','2020- 08- 18','计算机系' )");
            //将 Student 表中 SNO 为 1 的记录的 SName 修改为王五
            Cnt = DBHelper. ExecSQL("update Student set SName='王五' where SNO=1");
            //将 Student 表中 SNO 为 3 的记录删除
            Cnt = DBHelper. ExecSQL("delete from Student where SNO=3");
```

```
//查询并显示 Student 表的记录
DataTable dataTable = DBHelper. SelectSQL("select *  from Student");
for(var i = 0; i < dataTable. Rows. Count; i++)
{
        Console. Write(dataTable. Rows[i]["SNO"]. ToString()+"\t");
        Console. Write(dataTable. Rows[i]["SName"]. ToString() + "\t");
        Console. Write(dataTable. Rows[i]["SSex"]. ToString() + "\t");
        Console. Write(dataTable. Rows[i]["SBirth"]. ToString() + "\t");
        Console. Write(dataTable. Rows[i]["SDept"]. ToString() + "\t");
        Console. WriteLine();
}
Console. Read();
    }
  }
}
```

（3）DBHelper 类的完整代码如下：

```
using System;
using System. Collections. Generic;
using System. Linq;
using System. Text;
using System. Threading. Tasks;
using System. Data. SqlClient;
using System. Data;
namespace ConsoleDataBaseApp
{
    public class DBHelper
    {
        public static string connStr = "Data Source = (local);Initial Catalog = Test; User ID = sa;Password
=123456;";
        public static int ExecSQL(string sql)
        {
            SqlConnection connection = new SqlConnection(connStr);
            SqlCommand command = new SqlCommand(sql, connection);
            connection. Open();
            int Cnt = command. ExecuteNonQuery();
            connection. Close();
            return Cnt;
        }
        public static DataTable SelectSQL(string sql)
        {
```

```
            DataTable dataTable = new DataTable();
            SqlConnection connection = new SqlConnection(connStr);
            SqlCommand command = new SqlCommand(sql, connection);
            connection. Open();
            SqlDataAdapter sqlDataAdapter = new SqlDataAdapter(sql, connection);
            connection. Close();
            sqlDataAdapter. Fill(dataTable);
            return dataTable;
        }
    }
}
```

2. 使用 . NET 控制台结合 ADO. NET 访问数据库

. NET 是免费和开源的，支持 Windows、Linux 和 MAC 操作系统，它在使用时和 . NET Framework 有一定的区别。

（1）使用 Visual Studio 2022 创建 C# . NET 控制台应用。启动 Visual Studio 2022，在启动界面单击"创建新项目"按钮，创建过程如图 10-4 所示，然后单击"创建"按钮，即可完成项目创建。右击项目名称，新建 DBHelper 类，该类将对数据库操作进行封装。

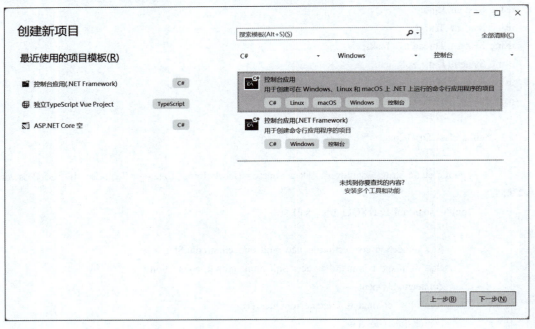

（a）

图 10-4 创建 . NET 控制台应用

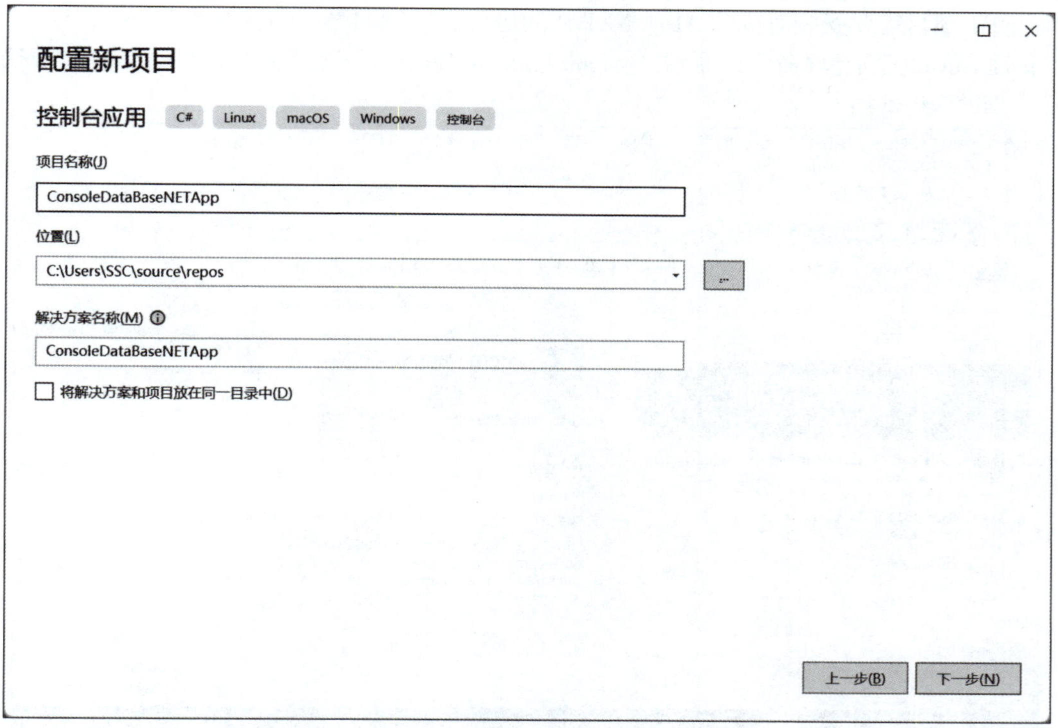

配置新项目

控制台应用　C#　Linux　macOS　Windows　控制台

项目名称(J)

ConsoleDataBaseNETApp

位置(L)

C:\Users\SSC\source\repos

解决方案名称(M) ⓘ

ConsoleDataBaseNETApp

☐ 将解决方案和项目放在同一目录中(D)

上一步(B)　下一步(N)

(b)

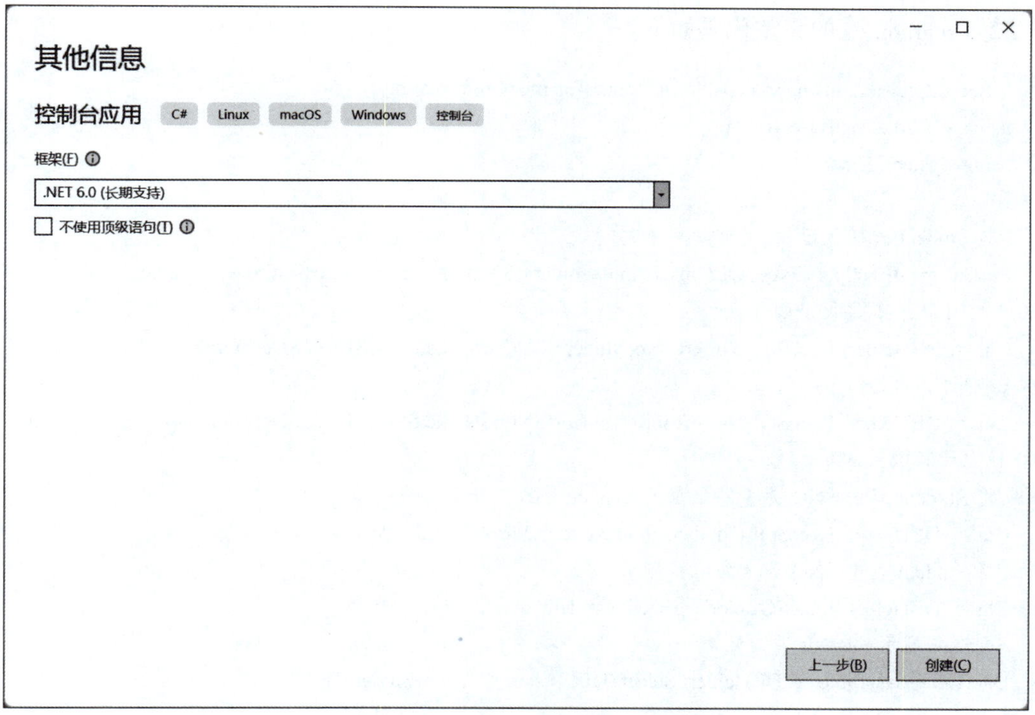

其他信息

控制台应用　C#　Linux　macOS　Windows　控制台

框架(F) ⓘ

.NET 6.0 (长期支持)

☐ 不使用顶级语句(T) ⓘ

上一步(B)　创建(C)

(c)

图 10-4　创建 .NET 控制台应用(续)

　　. NET 项目需要安装对应的 ADO. NET 访问组件，在项目解决方案中右击"依赖项"，选择"管理 NuGet 程序包"命令，搜索"System. Data. SqlClient"，选择正确版本后，单击"安装"按钮，如图 10-5 所示。

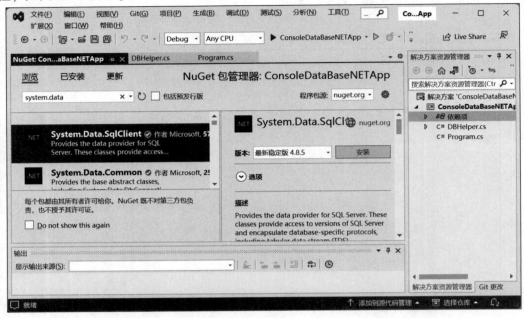

图 10-5　安装 System. Data. SqlClient

（2）Program. cs 的完整代码如下：

```
// See https://aka. ms/new- console- template for more information
using ConsoleDataBaseNETApp;
using System. Data;

//向 Student 表插入记录,返回受影响的行数
int Cnt = DBHelper. ExecSQL("insert into Student(SNO,SName,SSex,SBirth,SDept) values(1,'张三','男','2020- 02- 01','计算机系')");
    Cnt = DBHelper. ExecSQL("insert into Student(SNO,SName,SSex,SBirth,SDept) values(2,'李四','男','2021- 05- 06','计算机系')");
    Cnt = DBHelper. ExecSQL("insert into Student(SNO,SName,SSex,SBirth,SDept) values(3,'王五','男','2020- 08- 18','计算机系')");
//将 Student 表中 SNO 为 1 的记录的 SName 修改为王五
    Cnt = DBHelper. ExecSQL("update Student set SName='王五' where SNO=1");
//将 Student 表中 SNO 为 3 的记录删除
    Cnt = DBHelper. ExecSQL("delete from Student where SNO=3");
//查询并显示 Student 表的记录
DataTable dataTable = DBHelper. SelectSQL("select *  from Student");
for (var i = 0; i < dataTable. Rows. Count; i++)
{
    Console. Write(dataTable. Rows[ i][ "SNO"]. ToString() + "\t");
```

```
            Console. Write(dataTable. Rows[i]["SName"]. ToString() + "\t");
            Console. Write(dataTable. Rows[i]["SSex"]. ToString() + "\t");
            Console. Write(dataTable. Rows[i]["SBirth"]. ToString() + "\t");
            Console. Write(dataTable. Rows[i]["SDept"]. ToString() + "\t");
            Console. WriteLine();
        }
        Console. Read();
```

（3）DBHelper 类的完整代码如下：

```csharp
using System;
using System. Collections. Generic;
using System. Data. SqlClient;
using System. Data;
using System. Linq;
using System. Text;
using System. Threading. Tasks;

namespace ConsoleDataBaseNETApp
{
    internal class DBHelper
    {
        public static string connStr = "Data Source = (local);Initial Catalog = Test;User ID = sa;Password
= 123456;";
        public static int ExecSQL(string sql)
        {
            SqlConnection connection = new SqlConnection(connStr);
            SqlCommand command = new SqlCommand(sql, connection);
            connection. Open();
            int Cnt = command. ExecuteNonQuery();
            connection. Close();
            return Cnt;
        }
        public static DataTable SelectSQL(string sql)
        {
            DataTable dataTable = new DataTable();
            SqlConnection connection = new SqlConnection(connStr);
            SqlCommand command = new SqlCommand(sql, connection);
            connection. Open();
            SqlDataAdapter sqlDataAdapter = new SqlDataAdapter(sql, connection);
            connection. Close();
            sqlDataAdapter. Fill(dataTable);
```

```
            return dataTable;
        }
    }
}
```

　　在使用 ADO. NET 访问数据库的时候，需要做好分析，考虑好应用场景以及相应的性能要求。另外，当前面临较大的数据安全风险，因此需要熟悉相应的数据库安全保护策略。例如，本章中使用的 SQL Server 访问端口号默认为 1433，账号默认为 sa，密码使用了简单的弱口令，这些都具有很高的风险，需要数据库管理员根据实际情况和数据库服务器安全访问策略进行变更或设置。

第 11 章　基于 JDBC 的数据库开发基础

能力目标	知识要点	权重
了解数据库访问技术及其相关概念	1. JDBC 基本情况 2. JDBC 相关知识	20%
了解程序对据库访问的主要步骤	1. JDBC 连接字符串格式 2. JDBC 数据库访问技术	50%
理解掌握基本 SQL 语句的使用方法	基本 SQL 语句使用	30%

11.1　JDBC 基本概念

JDBC(Java Database Connectivity，Java 数据连接)是 Java 中用来规范客户端程序如何访问关系数据库的应用程序接口(Application Programming Interface，API)，它提供了各种数据操纵的方法。该技术由 Sun Microsystems 开发、管理和维护。

JDBC 是一组技术规范，底层访问数据库代码由各个数据库厂商的驱动程序完成，因此，使用 JDBC 具体访问各种数据库，需要下载对应数据库厂商提供的驱动程序。JDBC 技术架构如图 11-1 所示。

JDBC 是 Java 访问数据库的主要手段和技术，程序通过 JDBC 实现对数据库数据的组织、存储、检索、分析和处理。

JDBC 支持以下 4 种类型的驱动程序来访问数据库。

(1)JDBC 到 ODBC 的桥：本质上就是把所有 JDBC 的执行调用传递给 ODBC，再通过 ODBC 调用数据库本地驱动实现对数据库的访问。其优点是大多数数据库都支持 ODBC，缺点是需要配置所有客户端，访问数据库的能力也受到 ODBC 的限制。

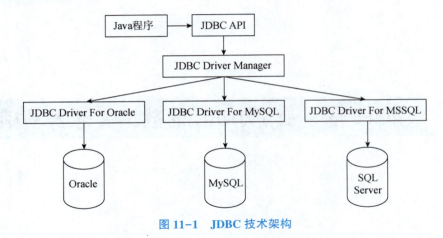

图 11-1　JDBC 技术架构

（2）本地驱动：JDBC 加载对应数据库厂商提供的本地代码直接访问数据库，其主要问题是程序不方便移植。

（3）网络协议驱动程序：该方式提供了一组网络访问的 API，应用程序通过网络发送数据库访问请求，服务器处理中间件程序收到请求后再转化为本地数据库访问。该方式目前应用最为广泛，适用于当前互联网应用环境。

（4）本地协议驱动程序：应用程序可以通过网络直接对本地数据进行访问。

JDBC 为 Java 程序访问各种数据库提供支持，本章仍使用 SQL Server 数据库，应用程序由 Java 调用对应 SQL Server 的驱动程序完成数据访问。

表 11-1 列举了 SQL Server 主要字段数据类型与 Java 常用数据类型的对应关系。

表 11-1　主要数据类型对照表

SQL Server 数据库引擎类型	Java 数据类型	说明
nchar(n)	String	—
nvarchar(n)	String	—
binary(n)	byte[ ]	—
varbinary(n)	byte[ ]	—
nvarchar(max)	String	—
varbinary(max)	byte[ ]	—
uniqueidentifier	String	—
char(n)	String	仅支持 UTF8 字符串
varchar(n)	String	仅支持 UTF8 字符串
varchar(max)	String	仅支持 UTF8 字符串
date	java. sql. date	—
numeric	java. math. BigDecimal	—
decimal	java. math. BigDecimal	—
money	java. math. BigDecimal	—

SQL Server 数据库引擎类型	Java 数据类型	说明
smallmoney	java. math. BigDecimal	—
smalldatetime	java. sql. timestamp	—
datetime	java. sql. timestamp	—
datetime2	java. sql. timestamp	—
bit	boolean	—
tinyint	short	—
smallint	short	—
int	int	—
real	float	—
bigint	long	—
float	double	—

在进行 Java 应用开发时，需要安装相应的开发工具。首先需要下载和安装 JDK 并配置相应的环境变量，本章使用了 JDK 1.8，另外还需要使用集成开发环境以加快开发速度。目前 Java 的集成开发环境较多，如 NetBeans、Eclipse、MyEclipse、IntelliJ IDEA 等，其中 NetBeans 和 Eclipse 是免费的，MyEclipse 和 IntelliJ IDEA 是收费的，它们的功能都很强大，需要根据具体情况来选用，本章使用 Eclipse 来完成应用程序的开发工作。

下面使用 Java 结合 JDBC 访问 SQL Server 数据库。

1. 装载驱动程序

（1）下载对应数据库 JDBC 驱动，需要根据所访问的数据库，前往官方网站下载相应驱动程序。本章使用 SQL Server 数据库，于是下载了 Microsoft JDBC Driver for SQL Server 的 Microsoft JDBC Driver 12. 2 for SQL Server 最新版本，该驱动程序提供了两个类库文件，分别是 mssql-jdbc-12. 2. 0. jre8. jar 和 mssql-jdbc-12. 2. 0. jre11. jar，可以根据具体开发时候的 JDK 版本使用。

（2）在 Java 中一般使用 Class. forName（'驱动类名'）方法，加载对应数据库驱动程序。

1）装载 SQL Server 驱动：Class. forName（"com. microsoft. sqlserver. jdbc. SQLServerDriver"）。

2）装载 MySql 驱动：Class. forName（"com. mysql. jdbc. Driver"）。

3）装载 Oracle 驱动：Class. forName（"oracle. jdbc. driver. OracleDriver"）。

4）装载 Sun 官方 JDBC-ODBC 驱动：Class. forName（"sun. jdbc. odbc. JdbcOdbcDriver"）。

2. 连接字符串创建连接对象

（1）JDBC 连接字符串是一种类似 URL 格式的特殊字符串，主要指明访问的数据库类型及数据库所在位置信息，账号和密码需要另行设置，一般格式为"jdbc：数据库类型：连接信息"，其中连接信息需要使用连接字符串。对于不同类型的数据库，连接字符串的写法也不一致，其基本形式如表 11-2 所示。

表 11-2　数据库连接字符串基本形式

数据库类型	基本格式
SQL Server	jdbc：microsoft：sqlserver：//host：port；databaseName＝database
MySQL	jdbc：mysql：//host：port/database
Oracle	JDBC：ORACLE：THIN：@ HOST：PORT：ORCL

以上表格仅是基本格式，针对各个不同的数据库或应用需要，可能还需要设置一些不同的参数。

（2）创建数据库连接对象。需要根据连接字符串创建相应的数据库连接对象，该对象可以使用 Java 数据库驱动程序中的 DriverManager 来创建，命令格式如下：

Connection conn ＝ DriverManager. getConnection(url, user, password)

其中，url 参数即数据库连接字符串，user 和 password 是数据库的访问账号和密码。Connection 常用方法如表 11-3 所示。

表 11-3　Connection 常用方法

方法名称	说明
createStatement( )	创建向数据库发送 SQL 的 statement 对象
prepareStatement(sql)	创建向数据库发送预编译 SQL 的 PrepareSatement 对象
prepareCall(sql)	创建执行存储过程的 callableStatement 对象
setAutoCommit(boolean autoCommit)	设置事务是否自动提交
commit( )	提交当前事务
rollback( )	回滚当前事务

3. 创建数据库访问类

可以通过数据库连接对象创建数据库访问对象。例如，调用连接对象的 createStatement( ) 方法可以创建 Statement 对象；调用 prepareStatement( )方法创建 PreparedStatement 对象；调用 prepareCall( )方法创建 CallableStatement 对象。这些对象可以使用 SQL 语句访问数据库。常用的 Statement 对象执行方法如表 11-4 所示。

表 11-4　常用的 Statement 对象执行方法

方法名称	说明
execute(String sql)	执行 SQL 语句，并返回是否有结果集
executeQuery(String sql)	执行 SQL 语句，并返回 ResultSet 结果集
executeUpdate(String sql)	执行 SQL 语句更新
addBatch(String sql)	批量添加 SQL 语句
executeBatch( )	执行批量 SQL 语句

通过 Statement 对象调用相应的方法，便可以执行 SQL 语句，从而实现对数据库数据的访问。

（1）执行查询，返回 ResultSet 结果集。命令如下：

```
ResultSetrs = ps. executeQuery(sql);
//遍历结果集
while (rs. next()) {
    rs. getString("col_name");
}
```

（2）执行 SQL 语句但不需要返回数据。命令如下：

```
Statement st = connection. createStatement();
st. executeQuery(sql);
```

一般来说，使用以上两种形式的命令即可完成大多数 SQL 语句的执行或数据查询。

频繁创建连接对象非常消耗资源，实际使用的时候，可以根据情况来考虑。如果需要执行的 SQL 语句较多，可以全部执行完后再关闭，或者必要时采用批量执行或预编译方法执行 SQL 语句，这样可以提高执行效率，避免资源耗尽的问题。使用完后，可以根据程序具体情况尽早关闭连接。

11.2　JDBC 数据库访问实例

本节将使用 JDBC 结合 SQL Server 对数据库进行简单的增删改查操作。首先使用账号和密码（在连接字符串中查看）登录 SQL Server，再访问 Test 数据库，Student 表的结构使用以下命令建立：

```
CREATE TABLE Student(
    SNO    int   NOT NULL   PRIMARY KEY,
    SName   varchar(10) ,
    SSex   varchar(2) ,
    SBirth    date,
    SDept    varchar(30)
)
```

（1）使用 Eclipse 创建 Java 项目。启动 Java 开发环境 Eclipse，单击 File→New→Java Project 命令，输入项目名称（Project name）有"Test"，单击"Finish"按钮，如图 11-2 所示。

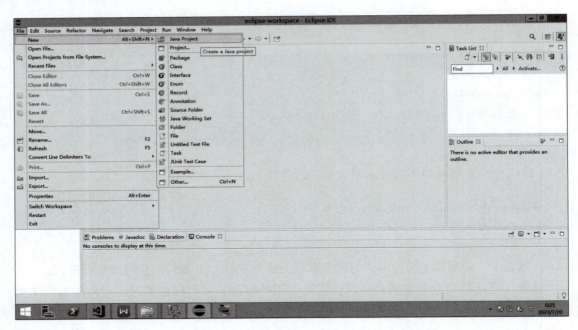

（a）

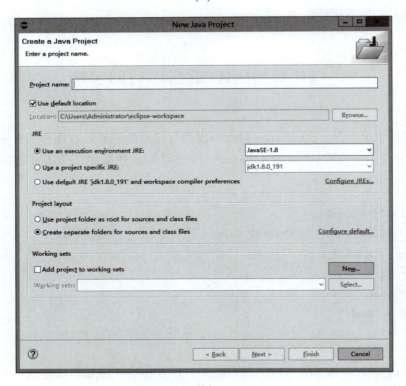

（b）

图 11-2　创建项目

（2）配置 JDBC 驱动程序。右击项目名称"Test"，选择"Properties"命令，在左侧选择"Java Build Path"。单击"Libraries"选项卡，单击"Add External JARs"按钮，选中之前下载的

mssql-jdbc-12.2.0.jre8.jar，单击"Apply and Close"按钮，如图 11-3 所示。

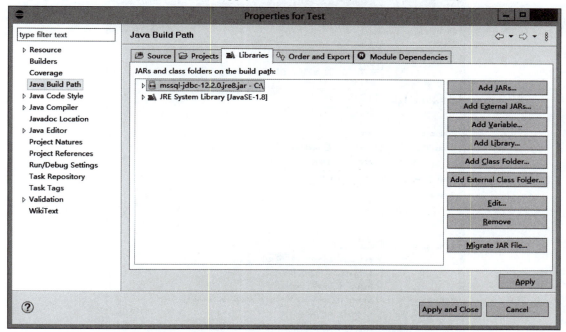

图 11-3　配置 JDBC 驱动程序

（3）创建并编写程序代码。右击"src"，选择 New→Class 命令，在弹出的"New Java Class"界面输入"Package"和类名"Name"，勾选"public static void main（String[ ] args）"复选框，如图 11-4 所示。

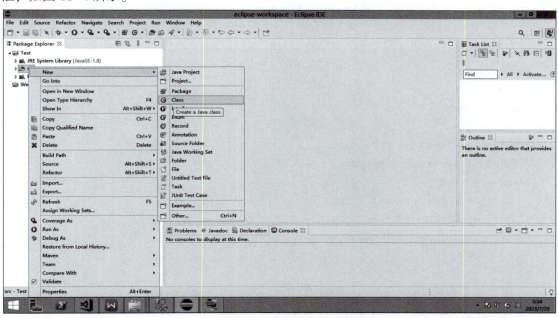

（a）

图 11-4　创建程序代码

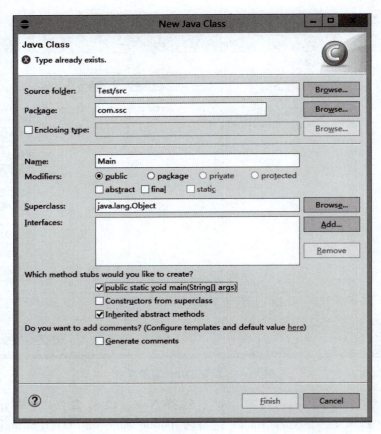

（b）

图 11-4 创建程序代码(续)

在刚创建的 src→com. ssc→Main. java 文件中输入以下代码：

```
package com. ssc;
import java. sql. * ;
public class Main {

public static void main(String[ ] args) {
// TODO Auto- generated method stub
Statement ps＝null;
        Connection conn＝null;
        ResultSet rs＝null;

    try {
        //1 加载驱动
        Class. forName("com. microsoft. sqlserver. jdbc. SQLServerDriver");
        string url＝"jdbc:sqlserver://localhost:1433;databaseName＝Test;encrypt＝false";
        string user＝"sa";//超级管理员
        string password＝"123456";//密码
```

```
            //2 连接
            conn=DriverManager. getConnection( url,user,password);

            //3 创建发送端
            ps = conn. createStatement();

            //-------------------------------------------------------------
            //demo1:测试插入
            string insertSQL="insert into student(sno,sname,ssex,sbirth,sdept) values (2,'李四','男','2001
-05-04','计算机系')";
            ps. execute(insertSQL);
            //-------------------------------------------------------------


            //-------------------------------------------------------------
            //demo2:测试删除
            string deleteSQL="delete from student where sno=2";
            ps. execute(deleteSQL);
            //-------------------------------------------------------------


            //-------------------------------------------------------------
            //demo3:测试修改
            string upateSQL="update student set sname='张三'   where sno=1";
            ps. execute(upateSQL);
            //-------------------------------------------------------------


            //demo4:测试查询
//编写 SQL 语句;
string sql = "select *   from Student";
//执行 SQL 查询
rs = ps. executeQuery(sql);
//遍历结果集
while (rs. next()) {
   System. out. println(rs. getString("sno") + "- "
         +rs. getString("sname")+ "- "
         +rs. getString("ssex")+ "- "
         +rs. getString("sbirth")+ "- "
         +rs. getString("sdept"));
}
System. out. println("执行结束");

         } catch (Exception e) {
            // TODO: handle exception
            e. printStackTrace();
```

```
        }finally{
            //关闭资源,加强程序的健壮性
            try {
                if(rs! =null){
                    rs. close();
                }
                if(ps! =null){
                    ps. close();
                }
            } catch (Exception e) {
                // TODO Auto- generated catch block
                e. printStackTrace();
            }
        }
    }
}
```

以上代码通过主程序完成了数据库简单的增、删、改、查操作，实际使用时，还是应该进行简单的程序封装，如专门创建一个数据库访问类。

 **参 考 文 献**

［1］王珊，萨师煊. 数据库系统概论［M］. 5 版. 北京：高等教育出版社，2018.

［2］王珊，朱青. 数据库系统概论学习指导与习题解答［M］. 5 版. 北京：高等教育出版社，2015.

［3］梁玉英，江涛. SQL Server 数据库设计与项目实践［M］. 北京：清华大学出版社，2015.

［4］张巨俭. 数据库基础案例教程与实验指导［M］. 北京：机械工业出版社，2011.

［5］陈志泊. 数据库原理及应用教程［M］. 4 版. 北京：人民邮电出版社，2017.